MICHAEL PUCHER – PETER BALAZS (HG.)

AKUSTISCHE PHONETIK UND IHRE MULTIDISZIPLINÄREN ASPEKTE

ÖSTERREICHISCHE AKADEMIE DER WISSENSCHAFTEN
PHILOSOPHISCH-HISTORISCHE KLASSE
SITZUNGSBERICHTE, 917. BAND

VERÖFFENTLICHUNGEN ZUR LINGUISTIK
UND KOMMUNIKATIONSFORSCHUNG

BAND 30

HERAUSGEGEBEN VON
WOLFGANG U. DRESSLER

Akustische Phonetik und ihre multidisziplinären Aspekte

herausgegeben von

MICHAEL PUCHER

PETER BALAZS

VERLAG DER
ÖSTERREICHISCHEN
AKADEMIE DER
WISSENSCHAFTEN

Veröffentlicht mit Unterstützung des
Austrian Science Fund (FWF): PUB 861-Z

FWF Der Wissenschaftsfonds.

Bibliografische Information der Deutschen Nationalbibliothek
Die Deutsche Nationalbibliothek verzeichnet diese Publikation in der Deutschen Nationalbibliografie, detaillierte bibliografische Daten sind im Internet über <http://dnb.dnb.de> abrufbar.

Diese Publikation wurde einem anonymen, internationalen Begutachtungs verfahren unterzogen.
This publication was subject to international and anonymous peer review. Peer review is an essential part of the Austrian Academy of Sciences Press evaluation process. Before any book can be accepted for publication, it is assessed by international specialists and ultimately must be approved by the Austrian Academy of Sciences Publication Committee.

Die verwendete Papiersorte in dieser Publikation ist DIN EN ISO 9706 zertifiziert und erfüllt die Voraussetzung für eine dauerhafte Archivierung von schriftlichem Kulturgut.

ISBN 978-3-7001-8687-8

Satz: Andrea Sulzgruber, Wien
Druck: Prime Rate, Budapest
https://epub.oeaw.ac.at/8687-8
https://verlag.oeaw.ac.at
Made in Europe

TABLE OF CONTENTS

Gedanken zum Tod von Sylvia Moosmüller

Angelika Braun

Mir ist schon klar, dass mein Beitrag eigentlich in erster Linie einen Überblick über Sylvia Moosmüllers wissenschaftliches Œuvre geben sollte. Ich nehme mir allerdings heraus, auch und vor allem die Freundin zu würdigen, die zudem Kollegin war. Ich habe meine Gedanken entgegen sonstiger Gewohnheit aufgeschrieben, da das Thema natürlich kein einfaches für mich ist.

So ungewöhnlich es klingt – das erste, was ich an Sylvia Moosmüller bewundert habe, war der Name. Ich war damals Doktorandin und Mitarbeiterin von Joachim Göschel in Marburg, und zu meinen Aufgaben gehörte es, die Beihefte zur Zeitschrift für Dialektologie und Linguistik zu redegieren. Und dann kam die Dissertation einer gewissen Sylvia Moosmüller auf den Tisch, die zudem bei dem großen Linguisten Wolfgang Ulrich Dressler entstanden war: *Soziophonologische Variation im gegenwärtigen Wiener Deutsch. Eine empirische Untersuchung*. Moosmüller, das klang so warm und weich und – moosig halt. Schon damals dachte ich, dass hinter diesem wunderschönen Namen ein besonderer Mensch stecken müsse. Unsere Dissertationen sind im übrigen Nachbarn in der Beihefte-Reihe, und das hat mir irgendwie Freude gemacht.

Inhaltlich deutet sich in der Dissertation ein methodisches Prinzip an, dem Sylvia ihr wissenschaftliches Leben lang treu geblieben ist: die Vereinigung von phonologischer und phonetischer Perspektive, lang bevor dies sich in der neu „erfundenen“ *Laboratory Phonology* als hippe Integration phonetischer und phonologischer Denkweisen manifestiert hat. Meist geht es entweder um eine – theoretische – phonologische Perspektive, oder es sind akustisch-phonetische Forschergeister am Werk, denen die phonologische Sichtweise herzlich egal ist. Sylvia hat – und das kann man in vielen ihrer Publikationen sehen – beide vereint. Es wird darauf zurückzukommen sein.

In der Folge habe ich Sylvia nur auf Tagungen erlebt – sie hielt immer Vorträge und/oder stellte Poster vor, und ich war vom deutschen BKA aus oft nur als Zuhörer unterwegs. Im Jahr 1994 auf Rhodos haben Sylvia und ich uns bei der Interspeech gegenseitig zum ersten Mal bewusst wahrgenommen. Von da an hatten wir ständigen, immer intensiver werdenden

Kontakt, der bald über das rein Fachliche hinausging. Sylvia ist mir eine sehr liebe und trotz der Entfernung enge Freundin geworden.

So erinnere ich mich gern an wunderbar verplauderte Abende auf einer Bank auf dem Campus der University of Cambridge, an gemeinsame kulinarische Experimente mit vegetarischen Restaurants in Wien, an intensive Gespräche in Santander und an ausgedehnte Arbeitsfrühstücke in Leiden. Wenn wir zusammentrafen, gab es fachlich und persönlich so viel auszutauschen, dass manchmal die Tagungen in den Hintergrund rutschten. – Ich bin heute noch von Herzen froh darüber!

Hinzu kamen ausgedehnte Telefonate zu allen Tages- und, wenn es nach Sylvia ging, gerne auch Nachtzeiten über Gott und die Welt im wahrsten Sinne. Auch wenn ich nachher todmüde war, weil ich nicht so eine Nachteule bin wie die Sylvia es war, so habe ich immer viel aus diesen Gesprächen mitgenommen.

Ich habe bis jetzt noch fast nichts über die Wissenschaftlerin Sylvia Moosmüller gesagt – ich glaube kaum, dass ich ihrem Werk in einem kurzen Vortrag Gerechtigkeit widerfahren lassen kann. In ihrem hauptsächlichen Forschungsgebiet „Lautliche Aspekte des Deutschen in Österreich“ wäre es möglicherweise einfacher, die Themen aufzuzählen, mit denen sie sich nicht beschäftigt hat, als die, zu denen sie publiziert und gar gearbeitet hat. Einen Höhepunkt in ihrem wissenschaftlichen Œuvre bildet die Habilitationsschrift *Vowels in SAG: An acoustic phonetic and phonological analysis (2007).* Schon im Titel zeigt sich wieder einmal, dass Sylvia Moosmüller trotz ihres praktischen Arbeitsschwerpunktes in der Phonetik nie die Phonologie aus den Augen verloren hat. Die Arbeit bohrt, wie bei Sylvia nicht anders zu erwarten, ein ganz dickes Brett: Ausgehend von den Grundsatzüberlegungen natürlicher Phonologie untersucht sie die österreichisch-deutschen Vokale umfassend und vergleicht sie mit dem Niederdeutschen und dem Mittelbairischen. Kein aktueller Diskussionspunkt wird ausgelassen: Es geht um das Verhältnis zwischen Artikulation und Akustik, Prosodie (Betonung und Rhythmus), die Rolle der F0, Koartikulation (die sie als phonologischen Prozess umdeutet) und natürlich um *tenseness*. Eine der zentralen Thesen der Arbeit lautet, dass Sprecher im Alltagsgespräch nicht, wie gemeinhin angenommen, eine Ökonomisierung der Artikulation anstreben, sondern vielmehr eine situationsadäquate Aussprache wählen. Besonders glücklich bin ich mit Sylvias Folgerungen zum Thema *tenseness*: Für jemanden, der im Bereich des Konsonantismus mit dem Merkmal „Gespanntheit“ nicht viel anfangen kann, war es wohltuend zu lesen, dass Sylvia auch im Bereich des Vokalismus nichts davon hielt – im Übrigen aus sehr ähnlichen Gründen, wie ich dies tat.

Unbestreitbar ist, dass Sylvia wie sonst nur ganz wenige Kollegen für die Forschung brannte und dafür viele persönliche Opfer brachte. Es gehört schon einiges dazu, während diverser Chemotherapien scheinbar ungerührt weiterzuarbeiten und die Erkrankung weitgehend unbemerkt zu lassen.

Dass sie im Laufe ihrer wissenschaftlichen Karriere hervorragende Publikationen einschließlich der erwähnten Habilitationsschrift zu den Vokalen im Österreichischen Standarddeutschen produziert und eine Reihe exzellenter NachwuchswissenschaftlerInnen ausgebildet hat, steht außer Frage. Anders als manche – vor allem männliche – Kollegen spielte sie ihre Person und ihre Leistungen dabei allerdings nie in den Vordergrund, fuhr nie die Rasierklingen an den Ellenbogen aus, sondern war immer kollegial und hilfsbereit. Ich erinnere mich an eine Begebenheit, als ich bei einer Tagung am Abend vor meinem Vortrag die Präsentation noch einmal durchging und dabei feststellte, dass an einer Stelle eine statistische Prüfung fehlte. Dummerweise hatte ich die entsprechende Software nicht auf meinem Laptop. Also klopfte ich an Sylvias Tür – ich wusste ja, dass sie noch wach war – und siehe da, sie hatte die Software, half mir bei der Eingabe der Daten, und mein Problem war schnell gelöst. Ich berichte diese Begebenheit, ohne rot zu werden, weil ich weiß, dass auch Sylvia bis zur allerletzten Minute an ihren Präsentationen gefeilt hat – wenn es sein musste, bis zum Vortrag vor ihrem eigenen…

Durch ihre unprätentiöse Art und Scheu vor öffentlichkeitswirksamen Auftritten ist ihr sicher hier und da ein Vorteil entgangen, aber das war ihr egal. Sie ist sich selbst treu geblieben, und das war ihr wichtiger als manches Projekt. Dafür bewundere ich sie.

Ihr wissenschaftliches Werk umfasst eine beeindruckende Zahl an Publikationen, die man zu den großen Komplexen „Österreichisches Deutsch", „Soziophonetik" und „Forensik" zusammenfassen kann. Es ist sicherlich eine Herausforderung für jeden Nachfolger oder jede Nachfolgerin, sich dem Wissen über die Aussprache des Deutschen in Österreich, das Sylvia auszeichnete, auch nur anzunähern. Von historischen Aspekten, etwa der Rolle Karl Luicks für die Herausbildung eines österreichischen Standards über die Orthografie bis hin zu zahllosen empirischen Studien zur Phonetik und Phonologie des österreichischen Deutsch – es gibt kaum einen Aspekt der Aussprache des Deutschen in Österreich, den sie nicht behandelt hätte. Dabei ist ihr etwas gelungen, was wir in

Deutschland nach wie vor schmerzlich vermissen: die Arbeitsdefinition eines „Standardsprechers". Schon kurz nach ihrer Dissertation, im Jahr 1991, legte sie diesen fest als „Sprecher,

– die in Wien aufgewachsen sind,

– die über eine akademische Ausbildung oder zumindest Abitur verfügen,

– bei denen mindestens ein Elternteil in Wien aufgewachsen ist und ebenfalls einen akademischen Abschluss vorzuweisen hat."

Später arbeitete sie immer wieder mit dieser Definition, und sie ist zum wissenschaftlichen Allgemeingut geworden.

Sei es die Neutralisierung der hohen ungerundeten Vokale im Wiener Stadtdialekt in Sound Changes and Variation in the Viennese dialect (2011), die Rolle des silbeninitialen velaren /l/ im Wiener Dialekt in The Strength of Stereotypes in the Production and Perception of the Viennese Dark Lateral (2016), die vergleichende Betrachtung der Wiener und Salzburger Stadtdialekte in Chain shifts revisited: The case of Monophthongisation and E-confusion in the city dialects of Salzburg and Vienna (2013) oder die Monophthongierung von /ai/ in Kärnten und der Steiermark – die Bandbreite ihrer Forschungsthemen war beeindruckend.

Als jemand, der sich viel mit Plosiven und VOT beschäftigt hat, fand ich ihre Arbeit zu den österreichischen Plosiven aus dem Jahr 2004 besonders spannend: Voice and Aspiration in Austrian German Plosives. Man kann die Feststellungen zur Verringerung der VOT bis auf fast Null in den sogenannten Lenes, verbunden mit der Monophthongierung von /ai/, klischeehaft ausdrücken: Die Österreicher sagen Papa und meinen bye bye …

In diesem Zusammenhang verdanke ich im übrigen ganz persönlich Sylvias Forschungen die Erkenntnis über ein Schibboleth, mit dessen Hilfe man österreichisches und deutsches Deutsch erstaunlich zuverlässig voneinander unterscheiden kann: Treffen zwei Plosive aufeinander, und sei es auch nur in der Schrift, wie zum Beispiel in perfekt, gesagt, mitgewirkt, verlobt, Punkt, gelebt, bleibt, laktosefrei etc., so wird im deutschen Deutsch nur der zweite, im österreichischen Deutsch hingegen auch der erste explodiert und meist auch aspiriert, also perfekhth, gesakhth, mithgewirkhth etc. Dieses Merkmal ist selbst bei international bekannten und tätigen österreichischen Schauspiel-Stars wie Christiane Hörbiger oder Maximilian Schell erhalten und hat mir besonders in meiner forensischen Arbeit sehr geholfen.

Ach ja, die Forensik … Eigentlich war der Sylvia ja alles zuwider, was mit Verbrechen und Gerichten zu tun hatte. Und dennoch war sie – zusammen mit Werner Deutsch – die forensisch-phonetische Expertin in

Österreich schlechthin. Auch dies ist eine Lücke, die sich nicht so einfach wird füllen lassen. Diese Tätigkeit brachte sie auch in Kontakt mit Sprachen wie Albanisch oder auch afrikanischen Sprachen – alles Aktivitäten, die einschlägige Publikationen nach sich zogen.

Sylvia engagierte sich darüber hinaus über viele Jahre in der IAFPA. Sie organisierte zwei Jahrestagungen (2003 und 2011) und war lange Zeit die Generalsekretärin dieser Organisation. Sie beteiligte sich auch bis in die letzten Lebensjahre an forensischen Ringversuchen zum proficiency testing. Zusammen mit Timo Becker als Fachmann für automatische SE und weiteren MitarbeiterInnen nahm sie kontinuierlich an der methodischen Weiterentwicklung der Disziplin teil. Als gründlich und unvoreingenommen arbeitende Expertin genoss sie bei Gerichten und KollegInnen hohe Wertschätzung.

In ihrem letzten Manuskript hat Sylvia als Ausfluss ihrer Habilitationsschrift wiederum ein sehr dickes Brett gebohrt. In einem Artikel für JIPA forderte sie nichts weniger als eine Revision der Vokalsystematik der IPA. Sie schloss sich der Auffassung von Ian Catford an, nach der die Vokale im Prinzip nach derselben Systematik wie die Konsonanten klassifiziert werden sollten. Insbesondere forderte sie eine stärkere Berücksichtigung des Pharynx als Resonator. Die Reviewer legten Überarbeitungen nahe, die einer gesunden Sylvia sicher nicht allzu viel abverlangt hätten – so fehlte ihr die Kraft dazu, und der Artikel wurde bisher nicht veröffentlicht. Ich habe ihn inzwischen sehr sanft überarbeitet, und er wird hoffentlich noch in diesem Jahr erscheinen.

Es ist schon wahr: Sylvia Moosmüller war eine leidenschaftliche Wissenschaftlerin. Die Tätigkeit am Institut war ihr so wichtig, dass sie sie auch dann nicht aufgegeben wollte, als sie eigentlich schon viel zu krank zum Arbeiten war. Dennoch gab es eines, was ihr unendlich viel wichtiger war als die Arbeit, und das seid ihr beiden, Caroline und Bernd. Heutzutage gibt es Forschungsprogramme, Hilfen und einen Medienhype zum Thema alleinerziehende Akademikerinnen – Sylvia hat es damals einfach gemacht. Dazu gehörte immer auch ein bisschen unangenehmes Gefühl, wenn sie zu einer Tagung reisen musste. Wenn sie im Ausland war, führte einer der ersten Wege in ein Geschäft, in dem es Mitbringsel für die Kinder zu kaufen gab. Das Handy war eine segensreiche Erfindung für sie, da sich darüber ein enger Kontakt aufrechterhalten ließ. Sie war, wie Mütter das eben so sind, sehr stolz auf euch und hat mit leuchtenden Augen von bestandenen Prüfungen, Auslandspraktika und beruflichen Zukunftsplänen erzählt. Ganz Mutter, hat sie sich natürlich auch dann noch um euch gesorgt, als ihr eigentlich schon erwachsen wart. Auch hatte ich den Eindruck, dass sie sich über ihre Krankheit eher um euretwillen als um ihrer selbst willen gegrämt hat. Sie wollte euch das Leben nicht schwer machen. Ich bin aber fest davon überzeugt, dass ihr der Abschied leichter gefallen ist, weil sie wusste, dass ihr die Weichen für euer Leben im Wesentlichen gestellt habt.

Abschließend möchte ich hier noch zwei Dinge zu Sylvia ansprechen, die vielleicht weniger bekannt sind, weil sie ihr Herz nie auf der Zunge getragen hat. Zum einen war Sylvia eine wahre Feministin, in dieser Hinsicht ganz „alte Schule" und von einer Konsequenz bis hin zu einer fast schon Härte, die angesichts ihrer sonstigen Sanftmut überraschte. So achtete sie penibel auf gendergerechte Schreibweise, weil es sich nach ihrer Ansicht dabei um mehr als eine Oberflächlichkeit handelte. Peter Balazs wird ein Lied davon singen können. Auch zum Thema Verhüllung von Frauen hatte sie sehr dezidierte Ansichten, mit denen sie im Zweifel auch nicht hinter dem Berg hielt.

Ihre diesbezügliche Grundeinstellung wird auch daran deutlich, dass sie selbst einen Beitrag mit dem Titel „Frauenstimmen im dynamischen Prozess der Interaktion" als eine ihrer zehn wichtigsten Publikationen nennt.

Zum zweiten ist es der Buddhismus, der Sylvias Weltbild und Lebenseinstellung entscheidend geprägt hat. Diese tiefe Überzeugung, die sie aktiv lebte, bestimmte vieles in ihrem Leben: Dazu gehörten die vegetarische Ernährung und das Meditieren auf Reisen ebenso wie die grenzenlose und aufopferungsvolle Liebe zur Kreatur. Sylvia war der einzige Mensch in meinem Leben, der buchstäblich keiner Fliege etwas zuleide tun konnte. Auch hierzu ein Beispiel: Auf jener Bank in Cambridge erhielten wir irgendwann die Gesellschaft mindestens einer Mücke, die sich prompt an meinem Blut labte. Als sie zum Nachtisch ansetzte und sich in eindeutiger Absicht auf meinem Unterarm niederließ, durfte ich sie in Sylvias Gegenwart nicht durch einen festen Schlag mit der Hand dauerhaft daran hindern, sondern allenfalls verscheuchen. Diese Haltung, auch wenn ich sie nicht in letzter Konsequenz teile, wird mir immer tiefen Respekt und große Bewunderung abnötigen. So war die Frau mit dem heimeligen Nachnamen in der Tat etwas sehr Besonderes, auch wenn sie das nie sein wollte. Ihre Nachfolge anzutreten wird nicht ganz einfach sein, da die Fußstapfen sehr groß sind, die sie hinterlässt.

Die Wissenschaft verliert mit Sylvia Moosmüller ein herausragendes Mitglied der phonetics community, das Institut für Schallforschung büßt eine seiner engagiertesten WissenschaftlerInnen sowie seine langjährige stellvertretende Leiterin ein, und ich vermisse schmerzlich eine enge Freundin und verwandte Seele.

Über die empirische Spracheinstellungsforschung in Österreich

BARBARA SOUKUP, UNIVERSITÄT WIEN[1]

Abstract. Der vorliegende Beitrag beleuchtet die zentrale Rolle, die Sylvia Moosmüllers Arbeit zum österreichischen Deutsch in der heimischen empirischen Spracheinstellungsforschung einnimmt. Die Kernstücke der Abhandlung enthalten einen chronologischen Überblick über die Spracheinstellungsforschung in Österreich sowie eine Studiensynthese, die den gegenwärtigen Erkenntnisstand resümiert. Des Weiteren wird gezeigt, dass die Bedeutung von Moosmüllers Arbeit letztlich weit über die Spracheinstellungsforschung hinausgeht und bereits in den 1990er Jahren einen neuen Fokus der variationistischen Soziolinguistik auf die Erforschung von strategischem Sprachgebrauch widerspiegelt. In dieser wie in anderer, vielfältiger Hinsicht war Sylvia Moosmüller eine Pionierin, deren Arbeit auch heute noch die Strahlkraft eines der wichtigsten Fundamente der Forschung zur Soziolinguistik des österreichischen Deutsch besitzt.

EINLEITUNG

Wir schreiben das Jahr 2004. Es ist Sommer, und ich befinde mich gerade auf Heimaturlaub von meinem Doktoratsstudium in den USA, den ich auch dazu nütze, Ideen und Inspirationen für die Entwicklung meines Dissertationsprojekts zu sammeln. Mein Schwerpunkt ist Soziolinguistik (nordamerikanischer Ausprägung); und mein aus meiner eigenen Biografie als ‚Austrian native speaker' heraus sowohl motiviertes als auch missionarisch-ambitioniertes Bestreben ist es, die U.S.-variationistische Orthodoxie durch die Konfrontation mit den Gegebenheiten und Besonderheiten des österreichischen Deutsch gründlich aufzumischen.

Sylvia Moosmüller ist mir als Koryphäe der soziolinguistischen Forschung zum österreichischen Deutsch schon bekannt; und ihr Standardwerk *Hochsprache und Dialekt in Österreich* (1991) ist auch in der Bibliothek meiner Washingtoner Universität Georgetown verfügbar. Ich schreibe Sylvia Moosmüller also aufs Geratewohl eine E-Mail und ersuche sie um einen Termin; sie ist (wie immer) sehr nett und lädt mich zu einem Gespräch in ihr Büro am Institut für Schallforschung ein. Dort

[1] Die Forschungsarbeit der Verfasserin wurde durch ein Elise-Richter Fellowship des FWF (FWF- Projektnummer V394-G23) mitfinanziert.

darf ich Sylvia Moosmüller persönlich kennenlernen und ihr ausführlich meine Pläne erzählen: Mit Spracheinstellungsforschung beschäftige ich mich schon länger, und diese soll auch ein zentrales Element meiner Studie werden, für die mir vorschwebt, zu erforschen, warum und wie ÖsterreicherInnen ihren Dialekt rhetorisch einsetzen können, um bestimmte kommunikative Effekte zu erzielen (zum Beispiel die Projektion von Antagonismus in der Interaktion). Was wäre in dem Zusammenhang mit einer Matched-Guise-Studie zu Standardsprache und Dialekt? „Machen Sie das, machen Sie das, das ist sehr wichtig, dazu gibt es noch nichts!“, sagt mir Sylvia Moosmüller, ermunternd und nachdrücklich.

Was natürlich so nicht stimmt. Denn zu dem Zeitpunkt gibt es sehr wohl schon Sylvia Moosmüllers eigene Arbeit, mit der sie meiner, so wie der vieler anderer, den Weg bereitet hat, und mit der sie damals wie heute eine wichtige Rolle in der Soziolinguistik, aber insbesondere der empirischen Spracheinstellungsforschung zum Deutschen in Österreich einnimmt. So habe ich also Sylvia Moosmüller persönlich erlebt: sehr bescheiden und zugleich sehr, sehr unterstützend, hilfsbereit und motivierend.

Wie zentral Sylvia Moosmüllers Arbeit für die Erforschung der Einstellungen zum österreichischen Deutsch war und auch immer noch ist, bildet den Gegenstand dieses Beitrags. Im Folgenden kulminiert ein chronologischer Überblick über die Geschichte der Spracheinstellungsforschung zum Deutschen in Österreich in einer Synthese des gegenwärtigen Erkenntnisstandes, zu dem auch Moosmüllers Forschung wesentlich beigetragen hat. Anschließend wird, wenn auch hier nur ansatzweise, aufgezeigt, dass Moosmüllers Arbeit schon sehr früh über die Spracheinstellungsforschung hinaus bis in die sogenannte ‚Third Wave‘ der Soziolinguistik (Eckert 2012) strahlt, in ihrer Beschäftigung mit strategischen Sprachwechseln bei österreichischen Politikern, deren Untersuchung eindringlich die Notwendigkeit der wechselseitigen Bezugnahme zwischen Spracheinstellungsforschung und soziolinguistischer Variationsanalyse veranschaulicht. Der Beitrag schließt mit einer kurzen Illustration dieses Aspekts und seiner Einordnung in den Kontext der Soziolinguistik in Österreich und darüber hinaus.

SPRACHEINSTELLUNGEN ZUM DEUTSCHEN IN ÖSTERREICH[2]

Folgt man den Zitationen in der gängigen Literatur zum österreichischen Deutsch, so datieren die ältesten empirischen Studien mit mehr oder weniger explizitem Bezug auf Spracheinstellungen aus den 1980er Jahren. Wiesinger (1983:189) diskutiert im Kontext seiner Klassifizierung von Sprachschichten die „soziale Dialektabwertung“ und ihre gesellschaftlichen und sprachlichen Auswirkungen (wie unter anderem eine Ablehnung des Dialekts unter sozialen Aufsteigern) noch ohne Bezugnahme auf eine konkrete Datenerhebung; sein Einwurf, „Die gesellschaftliche Bewertung des individuellen Sprachverhaltens ist freilich unterschiedlich, und nicht immer muß jemand mit durchschlagenden dialektalen Sprechfaktoren gesellschaftliche Sanktionen erwarten“ (ibid., 188), kann dabei aber fast schon als Forschungsauftrag gelesen werden. Es folgen mit Patocka (1986) und Satzke (1986) dann erste tatsächlich empirische Studien zum Thema, wobei bei Patocka der Fokus vorrangig auf der (fragebogenbasierten) Erhebung von Sprachverwendungsgewohnheiten liegt („Wie reden Sie in folgenden Situationen?“ – i. a. „mit den Eltern“, „mit den Großeltern“, „in der Bank“ – Patocka 1986:169; s. auch Steinegger 1998:388).[3] Spracheinstellungen lassen sich hier hauptsächlich aus Antworten auf offene Begründungsfragen ablesen (z. B. „Sollen die Ansager im Radio und Fernsehen beim Hochdeutschen bleiben oder sollen sie Dialekt oder mehr ‚was dazwischen liegt‘ (‚Umgangssprache‘) reden? [...] - Warum [sollen sie so reden]?“ – Patocka 1986: 171; s. auch Steinegger 1998:391). So beinhalten entsprechende Angaben von Gewährspersonen neben Argumenten der Verständlichkeit und Formalität auch Bezüge auf ästhetische Wertungen der verschiedenen Sprachformen, nach denen die Standardsprache im Vergleich zum Dialekt als ‚besser‘, ‚vornehmer‘ und ‚gefälliger‘ bezeichnet wird (Patocka 1986: 71; s. auch Bericht der Gesamtauswertung in Steinegger 1998:148).

---

[2] Der folgende Text ist auf die Behandlung von Spracheinstellungen zu (vorrangig mittel-)bairisch-österreichischen Varietäten limitiert. Eine detaillierte, empirische Erforschung von Einstellungen zu den alemannischen Dialekten Österreichs stellt ein wichtiges Forschungsdesiderat dar (s. dazu vorläufig Ender und Kaiser 2009). Selbst Steinegger (1998), in dessen Sample Vorarlberg inkludiert ist, ermöglicht keine informativeren Schlüsse als die sehr allgemeinen (wohl erwartungsgemäßen), dass Dialekt dort, allerdings ebenso wie im Burgenland und der Steiermark, merklich bevorzugt und positiv beurteilt wird.

[3] Die von Patocka (1986) in Form einer Diplomarbeit berichtete Studie wurde später von Steinegger (1998) als Teilerhebung in die Publikation der Ergebnisse einer Umfrage größeren Umfangs mit Datenerhebung in ganz Österreich integriert.

Satzke (1986) präsentiert dagegen eine klassische ‚speaker evaluation'-Studie, in der auditive Stimuli zum Einsatz kommen, zu denen direkte Reaktionen elizitiert werden. Die Stimuli sind vier Sprachaufnahmen eines Texts gleichen Inhalts, jeweils eine „in Standardsprache, Umgangssprache, Dialekt und Jargon" (Satzke 1986: 27). Die Anlehnung an die ‚Matched-Guise-Technique' (Lambert et al. 1960), die verbreitetste Methode zur Erhebung von Spracheinstellungen, ist, wenn auch nicht explizit referenziert, so doch offensichtlich, zum Beispiel in dem (allerdings gescheiterten) Bestreben, einen/eine SprecherIn zu finden, der/die alle vier Aufnahmen in gleicher Qualität produzieren kann (letztlich wurden vier verschiedene SprecherInnen rekrutiert).[4] Als Antwortformat dient ein Fragebogen, der jedoch, im Gegensatz zur traditionellen Vorgangsweise bei einer Matched-Guise-Studie, vorrangig als Interviewleitfaden, auch mit offenen Fragen, aufgesetzt ist und nur eine einzige der sonst üblichen semantischen Differenzialskalen (Osgood et al. 1957) zur Einstellungserhebung beinhaltet („Ist Ihnen die Sprechweise sehr angenehm – angenehm – neutral – unangenehm – sehr unangenehm" – s. Satzke 1986: 140). Dementsprechend wenig standardisiert und eher breit gestreut sind die Reaktionen, die allerdings Einstellungstrends attestieren, die auch bei Patocka (1986) schon im Ansatz anklingen und die sich im Laufe der nächsten Jahrzehnte der Spracheinstellungsforschung in Österreich immer wieder ähnlich herauskristallisieren: So schätzen Satzkes Gewährspersonen den Wiener Dialekt (ebenso wie die Standardsprache) auf der Skala zwar mehrheitlich als zumindest nicht „unangenehm" ein.[5] Jedoch wird er in offenen Antworten dann auch mit Assoziationen wie ‚derb',

[4] Im Original der ‚Matched-Guise-Technique' beurteilen Gewährspersonen eine Reihe von Tonaufnahmen, die sich (nur) in Bezug auf die verwendete Sprachform (Akzent, Varietät) unterscheiden, weil sie von denselben, mehrsprachigen Sprechenden aufgenommen wurden – eine Tatsache, die den Gewährspersonen allerdings vorenthalten wird. Bewertungsunterschiede sollen sich dadurch nur auf die Sprachform und nicht etwa auf tatsächliche Persönlichkeitsunterschiede beziehen lassen. Satzkes Ansatz entspricht der methodischen Variante der ‚Verbal-Guise-Technique' mit verschiedenen Sprechenden pro Sprachform (weiterführend s. Garrett 2010, Soukup 2019).

[5] In meiner Diskussion beziehe ich mich nur auf die von Satzke berichteten Reaktionen zum ‚Dialekt' und nicht auf jene zum ‚Jargon', dessen Darstellung im Stimulus sich einerseits lexikalisch stark von den anderen Sprechproben unterscheidet (Satzke 1986:147 ff.) und andererseits, so der in der Studie vermittelte Eindruck, etwas übertrieben und fast karikaturistisch ausgefallen sein dürfte (einige Gewährspersonen gaben z. B. an, die Sprechweise nur mit der Fernsehserie „Ein echter Wiener geht nicht unter" oder mit alkoholisierten Sprechern zu verbinden – Satzke 1986:59). Dadurch erscheint eine Verallgemeinerung von Satzkes Ergebnissen zum ‚Jargon' problematisch.

,primitiv' und ,nicht ernst zu nehmend' belegt. Sozial-gesellschaftlich wird der Dialekt der Arbeiterschicht zugeordnet. Im direkten Vergleich dazu erweckt die Standardsprache die Assoziationen ,öffentlich', ,formell', ,klar und verständlich', ,gehoben', ,korrekt', ,schön', und ,gebildet' und wird beruflich gehobenen Positionen zugeteilt. Gleichzeitig klingt die Standardsprache aber auch vergleichsweise ,arrogant', ,unehrlich', ,künstlich', ,affektiert' und ,unnatürlich'; und der Dialekt dagegen mehr ,privat', ,vertraut' und ,lustig'.

Im Jahr 1988 erscheint dann Sylvia Moosmüllers empirische Spracheinstellungsstudie „Dialekt ist nicht gleich Dialekt: Spracheinschätzung in Wien", publiziert in der *Wiener Linguistischen Gazette*. Ähnlich wie Satzke (1986), jedoch auf Basis von standardisierten Einschätzungen auf semantischen Differenzialskalen (allerdings ohne Stimuli), arbeitet Moosmüller darin heraus, dass Wiener Gewährspersonen aus verschiedenen sozialen Schichten den Wiener Dialekt durchwegs unterschiedlich, aber insgesamt sehr ambivalent und multidimensional bewerten (s. die auszugsweise grafische Darstellung ihrer Ergebnisse in Abb. 1).

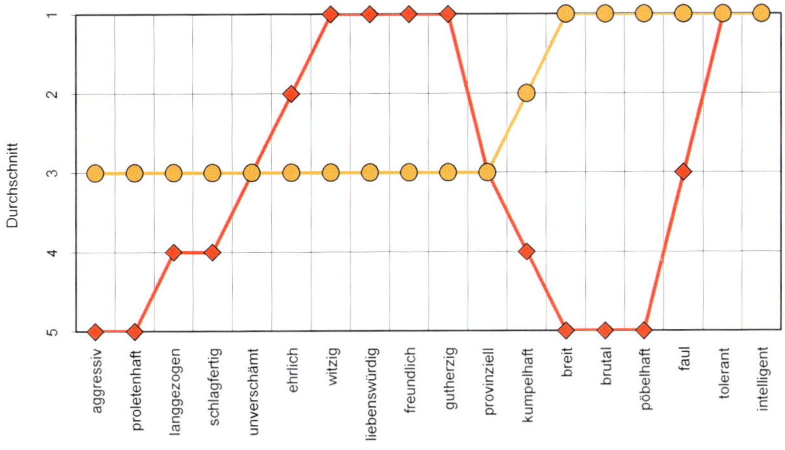

Abbildung 1

Wie Abbildung 1 zeigt, schreiben in dieser Einstellungserhebung insbesondere Gewährspersonen aus der Mittelschicht dem Wiener Dialekt bzw. seinen Sprechenden Aggressivität, Proletenhaftigkeit, Brutalität und Pöbelhaftigkeit zu, sowie einen Mangel an Witz, Liebenswürdigkeit, Freundlichkeit, Gutherzigkeit, Toleranz und Intelligenz. „Die Informantinnen und Informanten der Unterschicht" hingegen, berichtet Moosmüller, „lehnen zwar die negativen Eigenschaften für den Wiener Dialekt (also ihre eigene Sprechweise) ab, sie können aber auch positive Eigenschaften nicht befürworten. Eine uneingeschränkt positive Bewertung des Dialekts gibt es also in Wien nicht“ (Moosmüller 1988:58-60).

In einem zweiten Schritt der Studie wurde den Gewährspersonen dann die Aufgabe gestellt, auditive Stimuli sozial-stereotypischen Berufsgruppen zuzuordnen. Die Stimuli waren so manipuliert, dass dieselben Sätze „jeweils in bezug auf eine dialektale Variable variiert wurden“ (Moosmüller 1988:63), um den Einfluss bestimmter Features (dialektaler Input-Switches,[6] *l*-Vokalisierung, *ge*-Reduktion) auf die soziale Perzeption festmachen zu können. Zusätzlich waren auch ein paar freie Sprechproben zuzuordnen. In diesem Test sind nun keinerlei Unterschiede entlang der sozialen Gruppenzugehörigkeiten der InformantInnen mehr festzustellen. Die Verwendung von dialektalen Features wird von Gewährspersonen aus allen Schichten ähnlich „auf der segmentalen Ebene perzipiert und auch entsprechend sanktioniert“ (Moosmüller 1988: 65), in dem Sinne, dass eine Verwendung dialektaler Varianten im Vergleich zur Standardsprache eine Verschiebung der stereotypen Berufszuschreibung ‚sozial nach unten‘ bedingt (also z. B. von der ‚mittleren‘ Kategorie des Bankangestellten zur ‚untersten‘ des Straßenbahnfahrers). Dabei ergeben sich Hinweise auf eine perzeptuelle Hierarchisierung der Variablen (Input-Switches kommen stärker zum Tragen als *l*-Vokalisierung und *ge*-Reduktion), sowie darauf, dass auch suprasegmentale Features eine zentrale Rolle in der perzeptionsbasierten sozialen Einordnung spielen.

Publiziert in einer Zeit, in der, insbesondere in der Soziolinguistik, der Erforschung der sprachlichen Perzeption im Verhältnis zur Analyse der Sprachproduktion noch viel mehr als heute die Rolle einer ‚vernachlässigten Stiefschwester‘ („neglected stepsister“ – Thomas 2002:115) zukam (s. auch Überblick in Soukup 2009), war Moosmüllers Verschränkung von Spracheinstellungsforschung mit einer variationistischen Perzeptionsanalyse herausragend und wegweisend. Erst über zwei Jahrzehnte später wird die Labovsche Schule ähnliche Nuancen der perzeptuellen Aspekte von Variation in Form des ‚sociolinguistic monitor‘ theoretisieren (Labov et al. 2011), und wird die Erkenntnis, dass in der Analyse der

[6] Input-switches sind Features, bei denen die Unterschiede zwischen Standard- und Dialektform diachron durch eine auseinandergehende Entwicklung von einer gemeinsamen Basis entstanden sind, sodass der synchronen Divergenz gleichsam ein Varietätenwechsel und nicht etwa ein natürlicher phonologischer Abwandlungsprozess zugrunde liegt (s. insbesondere Dressler und Wodak 1982). Ein Beispiel ist die diphtongierte Realisierung von Standard ['gu:d̥] im Dialekt als ['guɐd̥].

Verbindungen zwischen Sprachgebrauch (Variation) und Spracheinstellungen notwendiger Weise die empirische Erfassung der Perzeption als Katalysator eine zentrale Rolle spielt, schließlich Raum greifen (s. z. B. Soukup 2009, 2011; Purschke 2011).

In Hochsprache und Dialekt in Österreich (1991) präsentiert Moosmüller dann einen umfangreichen Überblick über die Einstellungs-, Variations- und Perzeptionsforschung zum österreichischen Deutsch. Das Buch ist auch heute noch ein vielzitiertes Standardwerk auf diesem Gebiet: Jede einzelne von mir ausfindig gemachte, seither veröffentlichte Studie, die sich im engen oder weiten Sinne mit Spracheinstellungen zum Deutschen in Österreich beschäftigt, führt es als Referenz.[7]

Eine Synthese des bisher zusammengetragenen Erkenntnisstands der Spracheinstellungsforschung zur Variation des Deutschen in Österreich ist allerdings bis dato noch ausständig. Eine solche soll im gegenwärtigen Rahmen nun erstmalig, wenngleich in verkürzter Form, präsentiert werden. Dementsprechend basieren Tabelle 1 und 2 auf allen in meiner Recherche auffindbaren Spracheinstellungsstudien, die sich direkt mit ‚innerer Mehrsprachigkeit' (Wandruszka 1979) im österreichischen Deutsch befassen.[8] Die Aufstellung ihrer Ergebnisse ist mit dem Ziel gestaltet, dass daraus möglichst direkt die gängigen, allgemeinen Spracheinstellungsmuster und trends ablesbar sind. Aus diesem Grund sind in Tabelle 1 jene Merkmale in Form von Eigenschaftswörtern gelistet, mit denen jeweils der Dialekt bzw. dessen Sprechende in Österreich stärker assoziiert sind (bei statistischen Analysen: signifikant höhere Werte erzielt); und die entsprechenden Studien, die dies ergeben haben, sind daneben referenziert. Tabelle 2 präsentiert auf dieselbe Art und Weise eine Synthese

---

7 Hier beziehe ich mich auf folgende Studien (von denen die am direktesten relevanten auch in meine anschließende Synthese einfließen): Steinegger (1998); Kaiser (2006); Kleinberg (2006); Haidinger (2007); Soukup (2009, 2013); Ehrlich (2009); Ender und Kaiser (2009); Pfrehm (2010); Goldgruber (2011); Bellamy (2012); Gludovacz (2016); Malic (2016); Břenek (2017); Kleene (2017); Koppensteiner und Lenz (2017, in Vorber.); De Cillia und Ransmayr (2019). Zum Zeitpunkt des Verfassens des gegenwärtigen Beitrags (2020) ist eine Digitalisierung und Open-Access-(Wieder-) Veröffentlichung von Moosmüller (1991) gerade in Arbeit.

8 Die inkludierten Studien sind jene, die sich, wie auch Moosmüllers Arbeit, mit Standard und Dialekt im direkten Vergleich beschäftigen. Nicht berücksichtigt sind solche, die sich nur auf Spracheinstellungen vom österreichischem im Vergleich zum bundesdeutschem Standarddeutsch beziehen (Kaiser 2006; Pfrehm 2007; Ehrlich 2009; für einen Überblick s. Kleene 2017). Aktuelle, gerade in Auswertung begriffene Spracheinstellungsstudien, die zukünftig in die Synthese zu integrieren sind, entstehen gerade im Rahmen des Spezialforschungsbereichs ‚Deutsch in Österreich' (https://www.dioe.at/).

bezüglich der sozialen Assoziationen mit der Standardsprache bzw. deren Sprechenden in Österreich.[9]

Tabelle 1: Zusammenfassung des gegenwärtigen Erkenntnisstands (der Spracheinstellungsmuster) bezüglich der sozialen Assoziationen von Dialekt in Österreich

Im direkten Vergleich von Standardsprache und Dialekt		
wirkt der Dialekt mehr …		Dazu nicht signifikant (*) oder gegenteilig (#)
aggressiv	Moosmüller (1988, 1991); Soukup (2009); Gludovacz (2016)	*Soukup (2013)* Goldgruber (2011)**
altmodisch	Goldgruber (2011); Gludovacz (2016)	*Soukup (2009, 2013)**
Arbeiterschicht	Satzke (1986); Moosmüller (1988, 1991); Bellamy (2012)	
aufgeschlossen	Goldgruber (2011)	*Soukup (2009, 2013)**
bäuerlich	[Soukup (2009)]; [Goldgruber (2011)]; Malić (2016)	
bodenständig	Patocka (1986)/Steinegger (1998); [Goldgruber (2011)]	
derb	Patocka (1986)/Steinegger (1998); Satzke (1986); Moosmüller (1988, 1991); Soukup (2009); Goldgruber (2011); Kleene (2017)	
ehrlich	Soukup (2009, 2013); Goldgruber (2011)	*Bellamy (2012)#*
emotional	Soukup (2009, 2013); Goldgruber (2011)	
freundlich	Patocka (1986)/Steinegger (1998)	*Soukup (2013)* Goldgruber (2011)* Gludovacz (2016)#*
gemütlich	[Soukup (2009)]; Gludovacz (2016); Kleene (2017)	*Goldgruber (2011)**
grob	Moosmüller (1988, 1991); Soukup (2009); Kleene (2017)	*Soukup (2013)* Goldgruber (2011)**
heimatverbunden	[Goldgruber (2011)]; Gludovacz (2016); Kleene (2017)	
kontaktfreudig	Bellamy (2012)	

[9] In der Spracheinstellungsforschung werden üblicherweise die sozialen Assoziationen (‚social associations') von Sprache und Sprechenden gleichgesetzt, wobei das entsprechende Verhältnis zueinander noch nicht ausreichend geklärt ist (s. i. a. Soukup 2019).

ländlich	[Soukup (2009)]; [Goldgruber (2011)]; Malić (2016)	
locker	Soukup (2009, 2013); Gludovacz (2016); Malić (2016)	
lustig/humorvoll	Satzke (1986); Soukup (2009, 2013); Goldgruber (2011); Bellamy (2012); Gludovacz (2016); Malić (2016)	
melodiös	Gludovacz (2016); Kleene (2017)	
menschlich	Patocka (1986)/Steinegger (1998)	
natürlich	Patocka (1986)/Steinegger (1998); Satzke (1986); Soukup (2009, 2013); Goldgruber (2011); Malić (2016)	
nicht ernst zu nehmen	Satzke (1986)	
persönlich	Patocka (1986)/Steinegger (1998); [Soukup (2009)]	
plump	[Soukup (2009)]; [Goldgruber (2011)]	
primitiv	Satzke (1986); Gludovacz (2016)	
privat	Patocka (1986)/Steinegger (1998); Satzke (1986)	
schlampig	[Soukup (2009)]; [Goldgruber (2011)]; Gludovacz (2016); Malić (2016)	
selbstsicher	Goldgruber (2011); Bellamy (2012)	*Soukup (2009, 2013)**
sympathisch	Soukup (2009); Goldgruber (2011); Bellamy (2012); Gludovacz (2016); Kleene (2017)	*Soukup (2013)**
vertraut	Patocka (1986)/Steinegger (1998); Satzke (1986); Goldgruber (2011); Kleene (2017)	
volksnah	[Soukup (2009)]; [Goldgruber (2011)]	

N.B.: [Soukup (2009)] und [Goldgruber (2011)] in eckige Klammern gesetzt bedeutet, dass in den Studien die Einschätzungen bezüglich dieses Merkmals aus den offenen Antworten auf die Fragebögen, und nicht aus den Differenzialskalen, stammen.

Tabelle 2: Zusammenfassung des gegenwärtigen Erkenntnisstands (der Spracheinstellungsmuster) bezüglich der sozialen Assoziationen von Standardsprache in Österreich

Im direkten Vergleich von Standardsprache und Dialekt		
wirkt die **Standardsprache mehr** …		
		Dazu nicht signifikant (*)
arrogant	Satzke (1986); Soukup (2009, 2013); Goldgruber (2011)	
attraktiv	Bellamy (2012)	
distanziert	Patocka (1986)/Steinegger (1998); [Soukup (2009)]; Kleene (2017)	
fleißig	Soukup (2013)	*Soukup (2009)* Goldgruber (2011)**
förmlich/formell	Patocka (1986)/Steinegger (1998); Satzke (1986); [Soukup (2009)]; [Goldgruber (2011)]; Malić (2016)	
gebildet	Patocka (1986)/Steinegger (1998); Satzke (1986); Soukup (2009, 2013); Goldgruber (2011); Bellamy (2012); Malić (2016); Kleene (2017)	
gehoben	Patocka (1986)/Steinegger (1998); Satzke (1986); [Goldgruber (2011)]	
groß	Bellamy (2012)	
gut gekleidet	Bellamy (2012)	
höflich	Soukup (2009, 2013); Goldgruber (2011)	
intelligent	Moosmüller (1988, 1991); Soukup (2009, 2013); Goldgruber (2011); Bellamy (2012); Kleene (2017)	
klar	Satzke (1986); [Goldgruber (2011)]	
kompetent	Soukup (2013)	*Soukup (2009)* Goldgruber (2011)**
korrekt	Patocka (1986)/Steinegger (1998); Satzke (1986); Goldgruber (2011); Gludovacz (2016); Malić (2016)	
künstlich	Satzke (1986); [Soukup (2009)]; [Goldgruber (2011)]	

nützlich	Patocka (1986)/Steinegger (1998)	
öffentlich	Patocka (1986)/Steinegger (1998); Satzke (1986); Kleene (2017)	
professionell	[Soukup (2009)]; [Goldgruber (2011)]	
respektvoll	Patocka (1986)/Steinegger (1998)	
sanftmütig	Soukup (2009)	*Goldgruber (2011)* Soukup (2013)*
schlau	Soukup (2013)	*Soukup (2009)* Goldgruber (2011)**
streng	Patocka (1986)/Steinegger (1998); Goldgruber (2011)	*Soukup (2009, 2013)*
überregional	Patocka (1986)/Steinegger (1998)	
verständlich	Patocka (1986)/Steinegger (1998); Satzke (1986); [Soukup (2009)]; [Goldgruber (2011)]; Malić (2016); Kleene (2017)	
vornehm	Patocka (1986)/Steinegger (1998); Soukup (2009, 2013); Goldgruber (2011); Kleene (2017)	
wertneutral	Patocka (1986)/Steinegger (1998)	
zuverlässig	Bellamy (2012)	*Soukup (2009, 2013)* Goldgruber (2011)*
zuvorkommend	Bellamy (2012)	

N.B.: [Soukup (2009)] und [Goldgruber (2011)] in eckige Klammern gesetzt bedeutet, dass in den Studien die Einschätzungen bezüglich dieses Merkmals aus den offenen Antworten auf die Fragebögen, und nicht aus den Differenzialskalen, stammen.

Es ist an dieser Stelle unbedingt festzuhalten, dass sich die Ergebnisse der in dieser Synthese inkludierten Studien natürlich in und aus bestimmten Kontexten und Designs ergeben, zu denen sie in unmittelbarer Relation stehen und denen entsprechend sie also interpretiert werden müssen, was die Aussagekraft der hier präsentierten Verallgemeinerung notwendigerweise limitiert. So berichtet beispielsweise Soukup (2009) über eine Umfrage, die in Linz durchgeführt wurde; Goldberger (2011) verwendet zwar einen fast identen Fragebogen, aber mit anderem Stimulustext und zur Datenerhebung in Graz und Wien. Soukup (2009) ist eine Verbal-Guise-Studie (Standardsprache und Dialekt werden, wie bei Satzke 1986, von verschiedenen SprecherInnen repräsentiert), wohingegen Soukup (2013) die ‚Open-Guise-Technique' einführt (die Gewährspersonen hören dieselben Sprechenden je einmal in der Standardsprache und einmal im Dialekt und werden, im Gegensatz zur Matched-Guise, vorab offen drüber informiert – ibid.). Das Sample von Malić (2016) besteht als einziges des Sets aus InformantInnen mit Migrationshintergrund. Bellamy (2012) verwendet einen Märchentext als Stimulus, ohne genauere Vorgabe eines Kontexts für die Bewertung, wohingegen Soukup (2009, 2013) und Goldgruber (2011) in der Aufgabenstellung an die InformantInnen explizit den Kontext eines Auftritts in der Öffentlichkeit als Referenzrahmen für die SprecherInnenevaluierung evozieren (s. auch Soukup 2015 zur Diskussion der Rolle des Studienkontexts in der Spracheinstellungsforschung). Obwohl in allen Studien offene Fragen inkludiert sind, stützen sich Moosmüller (1988, 1991), Soukup (2009, 2013), Goldgruber (2011) und Bellamy (2012) hauptsächlich auf standardisierte Skalen-Items als Antwortformat, während Satzke (1986) und Malić (2016) ihre Erhebung in Interviewform durchführen und die Umfragen von Patocka (1986)/ Steinegger (1998) sowie Gludovacz (2016) und Kleene (2017) Spracheinstellungen im Rahmen von allgemeiner gefassten, laienlinguistisch fokussierten Fragebögen zur Sprachverwendung elizitieren.

Angesichts dessen sind die in Tabelle 1 und 2 herausgearbeiteten Assoziationen von Dialekt und Standardsprache mit einer gewissen Vorsicht zu betrachten. Die Tatsache jedoch, dass sich manche sozialen Zuschreibungen sozusagen auch in der Triangulation, also aus dem Blickwinkel verschiedener Zugänge heraus, bestätigen, weist auf die Existenz und den Charakter von potenziell sehr robusten, weit verbreiteten kulturellen Stereotypen (Spracheinstellungen) hin.[10] Gemäß den Merkmalen, die in den Ergebnissen von mindestens drei Studien aufscheinen, sind also der Dialekt in Österreich und seine SprecherInnen im direkten Vergleich zur Standardsprache zumindest eher mit den Assoziationen ‚humorvoll', ‚locker', ‚natürlich', ‚sympathisch', und ‚vertraut' belegt, aber auch mit ‚aggressiv', ‚derb' und ‚schlampig'. Der Dialekt wird vergleichsweise sowohl mehr der Arbeiterschicht als auch dem ländlichen und bäuerlichen Kontext zugeordnet. Die Standardsprache wiederum wird im Vergleich als mehr ‚gebildet', ‚gehoben', ‚intelligent', ‚korrekt', verständlich' und

[10] Es stellt sich natürlich die Frage, genau welche sprachlichen Features bzw. deren (die dialektale oder standardsprachliche ‚Gestalt' evozierende) Kookkurrenz diese stereotypen Assoziationen hervorrufen. Eine Diskussion der laienlinguistischen perzeptionellen Abgrenzung zwischen Standard und Dialekt würde allerdings den Rahmen des gegenwärtigen Beitrags sprengen (s. dazu Soukup (2009, 2011), mit Bezug auf Moosmüller (1988, 1991), sowie Kleene (2017)).

‚vornehm' perzipiert, aber auch als vergleichsweise ‚arrogant', ‚förmlich' und ‚künstlich'.[11]

Aus der Perspektive der angewandten Sprachwissenschaft (der ja die Soziolinguistik zuzuschreiben ist) sollte nun aber die Spracheinstellungsforschung keinem Selbstzweck genügen, der sich in der Auflistung von sprachassoziierten sozialen Merkmalen erschöpft, sondern idealer Weise, und gemäß dem ursprünglichen Auftrag der sozialpsychologischen Einstellungsforschung im Allgemeinen, der Erklärung von tatsächlichem sozialen Verhalten dienen (s. auch Meinefeld 1988, Eagly und Chaiken 2005, Soukup 2019). Somit stellt sich die Frage, welche Auswirkungen die gefundenen, anscheinend robusten Stereotype bezüglich Standardsprache und Dialekt im gesellschaftlichen Alltag Österreichs haben mögen und wie diese erforscht werden können. Der nächste Abschnitt skizziert nun die Hinweise darauf, die wir über die Spracheinstellungsforschung hinaus in der wegweisenden soziolinguistischen Arbeit von Sylvia Moosmüller finden.

SPRACHEINSTELLUNGEN UND SPRACHVERHALTEN: DIE ‚THIRD WAVE' DER VARIATIONISTISCHEN SOZIOLINGUISTIK

Sylvia Moosmüllers Arbeit leistet nicht nur, wie beschrieben, einen wichtigen Beitrag zur österreichischen Spracheinstellungsforschung an sich; sie ist Anfang der 1990er Jahre auch bemerkenswert vorausschauend auf einen Forschungsschwerpunkt, der sich international erst zur Jahrtausendwende richtig etabliert und der letztlich die Spracheinstellungsforschung enger als bisher mit der angewandten Analyse von Sprachverhalten (Sprachwahl) verknüpft. So diagnostiziert und analysiert Moosmüller (1991) unter anderem jene soziolinguistische Besonderheit des Sprachgebrauchs in Österreich, dass die unmittelbare Kopräsenz von Dialekt und Standardsprache im Sprachrepertoire der meisten SprecherInnen des österreichischen Deutsch mit einem weit verbreiteten Verhalten des Code-Switching einhergeht, welches in Interaktionen auffällig oft und konsistent für spielerisch-strategische, rhetorische Zwecke eingesetzt wird. Damit hat sie eigentlich zentrale Thesen und Erkenntnisse der so-

[11] Es stellt sich natürlich die Frage, genau welche sprachlichen Features bzw. deren (die dialektale oder standardsprachliche ‚Gestalt' evozierende) Kookkurrenz diese stereotypen Assoziationen hervorrufen. Eine Diskussion der laienlinguistischen perzeptionellen Abgrenzung zwischen Standard und Dialekt würde allerdings den Rahmen des gegenwärtigen Beitrags sprengen (s. dazu Soukup (2009, 2011), mit Bezug auf Moosmüller (1988, 1991), sowie Kleene (2017)).

genannten ‚Third Wave' der soziolinguistischen Variationsanalyse, wenn nicht vorweggenommen, so doch bemerkenswert früh abgebildet.

Eckert (2012) konstatiert, dass die variationistische Soziolinguistik über die Jahre eine Entwicklung in drei ‚Wellen' genommen hat. Unter der ersten und zweiten Welle wurde sprachliche Variation zunächst vorrangig als passives, reaktives Korrelat von extralinguistischen Faktoren wie regionale und soziale Herkunft, Alter, Geschlecht, Aufmerksamkeit und später dann soziale Netzwerke und Publikumskonstellationen betrachtet. Unter der dritten Welle, die seit etwa 20 Jahren ‚rollt', wird sprachliche Variation nun aber als Ressource in der aktiven Generierung, Präsentation und Verhandlung von Identitäten und Beziehungen fokussiert und erforscht – als proaktives Instrument in der Kommunikations- und Bedeutungsgestaltung (s. auch Schilling 2013; Soukup 2018). Von Interesse ist also, kurz gesagt, wie sprachliche Variation in der Interaktion strategisch verwendet wird – eben genau jenes Phänomen, das Moosmüller (1991) in ihrer Studie von österreichischen Parlamentsdebatten identifiziert und untersucht. So berichtet sie, dass die von ihr analysierten Politiker von der – im Parlament unmarkierten – Standardsprache auffällig systematisch in den Dialekt wechseln, und zwar oft genau dann, wenn sie störende Zwischenrufe tätigen, die den Zweck haben, „den Redner/die Rednerin aus dem Gleichgewicht zu bringen, ihn/sie zu verunsichern und den inhaltlichen Wert der Rede herabzusetzen" (Moosmüller 1991: 172): „[D]er Gegner [soll] ‚liquidiert' werden", wobei „die Art der Liquidation […] auf die spontane, soziophonologische Ebene verschoben wird" (ibid., 174). Dies ist natürlich eine Beschreibung von rhetorischer, strategischer Sprachverwendung (hier: Dialektgebrauch) in Reinkultur.

Das von Moosmüller im parlamentarischen Kontext beschriebene Phänomen der strategischen Sprachwahl konnte ich später selbst in meiner eingangs erwähnten Dissertationsstudie (Soukup 2009) ebenso konstatieren und empirisch belegen. In einer interaktionell-soziolinguistischen Diskursanalyse (s. z. B. Gumperz 1982, 2001; Schiffrin 1994; Tannen 2004) von insgesamt acht Folgen der (oft politisch-kompetitiv geprägten) österreichischen TV-Diskussionssendung *Offen gesagt* (ORF) ließen sich zwei systematische Muster des strategischen Code-Switching isolieren, die im gesamten Sendungskorpus und über verschiedene Sprechende hinweg auftreten. Switches von der Standardsprache in den Dialekt kommen demnach in den – ähnlich wie die Parlamentsinteraktionen merklich konfrontativen – TV-Diskussionen insbesondere in solchen interaktionellen ‚Moves' oder Schachzügen vor, in denen Sprechende ein antagonistisches ‚Other-positioning' vornehmen, also eine negative

Darstellung einer anderen Person (Goffman 1981, van Langenhove und Harré 1999). Insbesondere sind die Switches systematisch in negativen Zwischenrufen zu finden, wie bei Sylvia Moosmüllers Parlamentsdebatten, und in negativen Pseudozitaten.

Zur Illustration des Phänomens sei an dieser Stelle ein Ankerbeispiel aus meinen Daten herangezogen. Der im Folgenden präsentierte Gesprächsauszug stammt aus einer Episode der Sendung *Offen Gesagt* aus dem Jahr 2004 mit dem Titel „Wer soll in die Hofburg" und zum Thema der damaligen österreichischen Bundespräsidentschaftswahlen. Es gab bei den Wahlen zwei Kandidierende: die ehemalige Außenministerin, Benita Ferrero-Waldner, und den späteren Wahlgewinner, Heinz Fischer. Die Kandidierenden nahmen selbst nicht an der Sendung teil, dafür aber je zwei prominente UnterstützerInnen. Im nun folgenden Ausschnitt ist zunächst SK, ein Unterstützer von Ferrero-Waldner, am Wort und schildert seinen Entwurf der Rolle des Bundespräsidenten, in dem er die Wichtigkeit der Volksnähe des Präsidenten betont. Der zweite Sprecher (FM), der dem gegnerischen politischen Lager angehört, wirft daraufhin einen kurzen Kommentar ein, der ganz im Dialekt gehalten ist (hier durch Fettdruck markiert).

SK: Die Österreicher wollen auch einen Bundespräsidenten eine Bundespräsidentin zum Angreifen eine die quasi angreifbar ist nicht abgehoben irgendwo da oben nebulos herumschwimmt vielleicht in irgendwelchen Gesetzesmaterien exzellent si ausk- die wollen a was zum- Beispiel Jonas der war a Mensch zum Angreifen ja einen Bundespräsidenten zum Angreifen

FM: **I waß net wem i ongreifn mecht**

(Soukup 2009; Datenquelle: *Offen Gesagt*, ORF, 18.01.2004)

Es ist für ein österreichisches Publikum, empirisch belegbar, eindeutig (Soukup 2009), dass der Zwischenruf hier ein feindseliger ist, der das vorher von SK Gesagte ins Lächerliche zieht. Dies ist inhaltlich evident; der Effekt wird aber durch FMs markante und konsequente Dialektverwendung eindrücklich verstärkt. Insgesamt trieft FMs Kommentar geradezu vor Ironie und bringt eine negative, antagonistische Haltung gegenüber dem vorangehenden Sprecher SK zum Ausdruck.

Wie bereits erwähnt ist solche Dialektverwendung für antagonistisches Other-positioning ein generalisierbares Verhaltensmuster, das Sylvia Moosmüller schon in den 1990ern in ihrer Analyse von österreichischen Parlamentsdebatten identifiziert und beschrieben hat. Sie hat auch damals schon die enge, dialogische Beziehung zwischen solchen strategischen Sprachwechseln einerseits und den Spracheinstellungen zu den involvierten Varietäten andererseits dargelegt – einen Zusammenhang, den ich später in meiner eigenen Forschung im Detail theoretisch ausgearbeitet und empirisch nachgezeichnet habe (Soukup 2009, 2011, 2015). Die Verwendung des Dialekts ‚kontextualisiert' (Gumperz 1982) nämlich das Gesagte mit den, unter einem österreichischen TV-Publikum erwartbar weit verbreiteten und bekannten, sozialen Assoziationen des Dialekts – mit den Spracheinstellungen, die ja auch sehr negative Aspekte umfassen (‚primitiv', ‚derb', ‚ungebildet'), wie meine obige Studiensynthese (Tab. 1 und 2) untermauert hat. Auf dieser Basis des Heranziehens von negativen sozialen Merkmalen werden in der Interaktion, zum Beispiel in dialektalen Zwischenrufen, antagonistische kommunikative Schachzüge ausgeführt, indem der ‚schlechte' (derbe, primitive etc.) Sprachgebrauch auf das Gegenüber projiziert wird (s. Soukup 2009 für weitere analytische Details). Sylvia Moosmüller selbst fasst auf Englisch für ihre österreichischen Parlamentarier und darüber hinaus zusammen, „[D]ialect is not only evaluated negatively, as it is associated with aggressiveness, brutality, low social status, and lack of education, it also has the function of actually expressing these negative characteristics: in other words, the use of dialect is one means of performing ‚negative' speech acts" (Moosmüller 1995: 273).

Spracheinstellungen und Sprachverhalten (strategische Sprachwechsel) sind also intrinsisch und dialogisch miteinander verknüpft (und ihre Erforschung in einer Mixed-Methods-basierten Exegese verschränkbar – s. Soukup 2009, 2015). Und so ‚rollt' die dritte Welle der soziolinguistischen Variationsanalyse schon seit bald drei Jahrzehnten in Österreich, dank Sylvia Moosmüller, einer wahren Pionierin der österreichischen Soziolinguistik. Ihr fundamentaler und essenzieller Beitrag zur Forschung über das Deutsche in Österreich in seinen Einzel- und Besonderheiten wird noch lange hohen Wert, Aktualität und Bestand haben.

BIBLIOGRAFIE

Bellamy, John (2012). *Language Attitudes in England and Austria*. Stuttgart: Franz Steiner.

Břenek, Oldřich (2017). *Sprachgebrauch und Sprachbeurteilung in Österreich am Beispiel der jüngeren Generation*. Berlin: Frank & Timme.

de Cillia, Rudolf, und Ransmayr, Jutta (2019). Österreichisches Deutsch macht Schule: Bildung und Deutschunterricht im Spannungsfeld von sprachlicher Variation und Norm. Wien: Böhlau.

Dressler, Wolfgang U., und Wodak, Ruth (1982). Sociophonological methods in the study of sociolinguistic variation in Viennese German. *Language in Society* 2, 339-370.

Eagly, Alice H. und Chaiken, Shelly (2005). Attitude research in the 21st century: The current state of knowledge. In: Dolores Albarracín, Blair T. Johnson und Mark P. Zanna (eds.), *The Handbook of Attitudes*. Mahwah: Lawrence Erlbaum, 743-767.

Eckert, Penelope (2012). Three waves of variation study: The emergence of meaning in the study of sociolinguistic variation. *Annual Review of Anthropology* 41, 87-100.

Ehrlich, Karoline (2009). Die Aussprache des österreichischen Standarddeutsch – umfassende Sprech- und Sprachstandserhebung der österreichischen Orthoepie. Dissertation, Universität Wien.

Ender, Andrea, und Kaiser, Irmtraud (2009). Zum Stellenwert von Dialekt und Standard im österreichischen und Schweizer Alltag. *Zeitschrift f*ür germanistische Linguistik 37, 266-295.

Garrett, Peter (2010). Attitudes To Language. Cambridge: Cambridge University Press.

Gludovacz, Barbara (2016). „Dialekte" in Österreich aus Wiener Sicht. Diplomarbeit, Universität Wien.

Goffman, Erving (1981). *Forms of Talk*. Philadelphia: University of Pennsylvania Press.

Goldgruber, Barbara (2011). Einstellungen zu Dialekt und Standardsprache in Österreich. Diplomarbeit, Universität Wien.

Gumperz, John J. (1982). *Discourse Strategies*. Cambridge: Cambridge University Press.

Gumperz, John J. (2001). Interactional Sociolinguistics: A personal perspective. In: Deborah Schiffrin, Deborah Tannen, und Heidi E. Hamilton (eds.), *The Handbook of Discourse Analysis*. Malden: Blackwell, 215-228.

Haidinger, Elisabeth (2007). Standard vs. non-standard: Language attitudes in Scotland and Austria. Diplomarbeit, Universität Wien.

Kaiser, Irmtraud (2006). *Bundesdeutsch aus* österreichischer Sicht. *Eine Untersuchung zu Spracheinstellungen, Wahrnehmungen und Stereotypen*. Mannheim: Institut für Deutsche Sprache.

Kleene, Andrea (2017). Attitudinal-perzeptive Variationslinguistik im bairischen Sprachraum. Horizontale und vertikale Grenzen aus der Hörerperspektive. Dissertation, Universität Wien.

Kleinberg, David (2006). Oachkatzlschwoaf: A study of language choice in Ried im Innkreis, Austria. Dissertation, University of North Carolina at Chapel Hill.

Koppensteiner, Wolfgang und Lenz, Alexandra N. (2017). Theoretische und methodische Herausforderungen einer perzeptiv-attitudinalen Standardsprachforschung. Perspektiven aus und auf Österreich. In: Heinz Sieburg und Hans-Werner Solms (eds.), *Das Deutsche als plurizentrische Sprache. Ansprüche – Ergebnisse – Perspektiven*. Berlin: Erich Schmidt Verlag, 43–68.

Koppensteiner, Wolfgang und Lenz, Alexandra N. (2020). Tracing a standard language in Austria using methodological microvariations of Verbal and Matched Guise Technique. Linguistik online 102(2), 47-82.

Labov, William, Ash, Sharon, Ravindranath, Maya, Weldon, Tracey, Baranowski, Maciej und Nagy, Naomi (2011). Properties of the sociolinguistic monitor. *Journal of Sociolinguistics* 15 (4), 431-463.

Lambert, Wallace E., Hodgson, Richard, Gardner, Robert C. und Fillenbaum, Samuel (1960). Evaluational reactions to spoken languages. *Journal of Abnormal andSocial Psychology* 60 (1), 44-51.

Malić, Sonja (2016). Die Sicht auf Dialekte in Österreich. Diplomarbeit, Universität Wien.

Meinefeld, Werner (1988). Einstellung. In: Roland Asanger und Gerd Wenninger (eds.),

Handwörterbuch der Psychologie, 4. Aufl. München: PVU, 120–126.

Moosmüller, Sylvia (1988). Dialekt ist nicht gleich Dialekt. Spracheinschätzung in Wien. *Wiener Linguistische Gazette* 40-41, 55-80.

Moosmüller, Sylvia (1991). *Hochsprache und Dialekt in Österreich. Soziophonologische Untersuchungen zu ihrer Abgrenzung in Wien, Graz, Salzburg und Innsbruck*. Wien: Böhlau.

Moosmüller, Sylvia (1995). Evaluation of language use in public discourse: Language attitudes in Austria. In: Patrick Stevenson (ed.), *The German language and the Real World*. Oxford: Clarendon, 257-278.

Osgood, Charles E., Suci, George J. und Tannenbaum, Percy H. (1957). The Measurement of Meaning. Urbana: University of Illinois Press.

Patocka, Christa (1986). Sprachgebrauch und Spracheinschätzung in Österreich. Eine Auswertung von Fragebögen. Diplomarbeit, Universität Wien.

Pfrehm, James W. (2007). An empirical study of the pluricentricity of German: Comparing German and Austrian nationals' perceptions of the use, pleasantness, and standardness of Austrian standard and German standard lexical items. Dissertation, University of Wisconsin-Madison.

Purschke, Christoph (2011). *Regionalsprache und Hörerurteil: Grundzüge einer perzeptiven Variationslinguistik*. Stuttgart: Steiner.

Satzke, Krista (1986). Sprachbeurteilung und Sprachgebrauch in Wien. Diplomarbeit, Universität Wien.

Schiffrin, Deborah (1994). *Approaches to Discourse*. Malden: Blackwell.

Schilling, Natalie (2013). Investigating stylistic variation. In: J.K. Chambers und Natalie Schilling (eds.), *The Handbook of Language Variation and Change*, 2. Aufl. Oxford: Wiley, 325-349.

Soukup, Barbara (2009). *Dialect use as interaction strategy: A sociolinguistic study of contextualization, speech perception, and language attitudes in Austria*. Wien: Braumüller.

Soukup, Barbara (2011). Austrian listeners' perceptions of standard-dialect style-shifting: An empirical approach. *Journal of Sociolinguistics* 15(3), 347-365.

Soukup, Barbara (2013). On matching speaker (dis)guises – revisiting a methodological tradition. In: Tore Kristiansen und Stefan Grondelaers (eds.), *Language (de)standardisation in late modern Europe: Experimental studies*. Oslo: Novus, 267-285.

Soukup, Barbara (2015). Mixing methods in the study of language attitudes: Theory and application. In: Alexei Prikhodkine und Dennis R. Preston (eds.), Res*ponses to Language Varieties: Variability, Processes and Outcomes*. Amsterdam: John Benjamins, 55–84.

Soukup, Barbara (2018). Contextualizing the Third Wave in variationist sociolinguistics: On Penelope Eckert's (2018) *Meaning and Linguistic Variation*. *Views* 27, 51-66.

Soukup, Barbara (2019). Sprachreflexion und Kognition: Theorien und Methoden der Spracheinstellungsforschung. In: Gerd Antos, Thomas Niehr und Jürgen Spitzmüller (eds.), *Handbuch Sprache im Urteil der Öffentlichkeit*. Berlin: de Gruyter, 83-106.

Steinegger, Guido (1998). *Sprachgebrauch und Sprachbeurteilung in Österreich und Südtirol: Ergebnisse einer Umfrage*. Frankfurt: Lang.

Tannen, Deborah (2004). Interactional sociolinguistics/Interaktionale Soziolinguistik. In: Ulrich Ammon, Norbert Dittmar, Klaus J. Mattheier und Peter. Trudgill (eds.), *Sociolinguistics/Soziolinguistik, Vol.1*, 2. Aufl. Berlin: Walter de Gruyter, 76-88.

Thomas, Erik R. (2002). Sociophonetic applications of speech perception experiments. *American Speech* 77 (2), 115-147.

van Langenhove, Luk, und Harré, Rom (1999). Introducing Positioning Theory. In: Rom Harré and Luk van Langenhove (eds.), *Positioning Theory*. Oxford: Blackwell, 14-31.

Wandruszka, Mario (1979). *Die Mehrsprachigkeit des Menschen*. München: Piper.

Wiesinger, Peter (1983). Sprachschichten und Sprachgebrauch in Österreich. *Zeitschrift für Germanistik* 4 (2), 184-195.

Standard language and dialect: sociophonological perspective

RALF VOLLMANN

Abstract. Sylvia Moosmüller's early work is rooted in the Viennese school of sociophonology which served as framework for her research on language norms, language attitudes, and the phonological analysis of variation in Austrian German. The phonological divergences between dialect and standard language interact at segmental and lexical levels to produce various sociolinguistic styles through the choice of sociolinguistically marked variables. This paper provides a short synopsis of various studies performed by the author in cooperation with Sylvia in this field: (a) a detailed study of an input-switch rule in Viennese German, (b) a study of the L1-acquisition of variation, (c) a study of the L2-acquisition of variation by non-native speakers, and (d) the problem of speaking dialect in the media. The sociophonological analysis shows the range of styles of Austrian German as they are produced by speakers for various sociopragmatic effects. Dialect and standard language appear as mere guidelines for the use of variables.
Keywords: sociophonology, Austrian German, standard language, dialects

1. BACKGROUND

1.1. THE VIENNESE SCHOOL OF SOCIOPHONOLOGY

Dialectology is interested in variation within a language (dialects). A second kind of variation, between social groups, has been investigated in sociolinguistics (sociolects; cf. Labov 1966). In both research on sociolectal variation and on multilingualism, the variation between speakers or within one speaker's production is analysed with regard to the choice of variables (cf. Cedergren & Sankoff 1974; overview: Watt 2007). This approach sees phonological variation as a dynamic process of variable selection. Speakers do not simply choose either a standard language or a dialectal register; rather, they mix these two sets of forms, thereby creating a mixed output which is a mixture of choices that is sociolinguistically and pragmatically interpretable by competent listeners.

For Austrian German, early phonological studies of variation established 'casual/allegro speech styles' (Dressler 1973, 1975a,b), trying to implement speed and carefulness/casualness as parameters; a study of Salzburg German developed a (generative) model for sociophonological variation as an extended competence of the speakers including variational forms (one-competence model, Rennison 1981). At the same time, the model of Natural Phonology (NP; cf. Stampe, 1979; Donegan & Stampe 1979) was applied to sociolinguistic variation in Vienna (Wodak-Leodolter & Dressler 1978; Dressler & Wodak 1982), assuming a two-competence model in which variables are connected through 'input-switch rules' (cf., e.g., Moosmüller 1985).

NP provides a phonetic basis to phonology and distinguishes processes from rules, processes being substitutions that adapt phonological intentions to phonetic conditions, and rules being frozen adaptations, i.e., non-phonetic substitutions. This proved to be particularly useful for the description of (socio)phonological variation. A phonological process would apply across the board under specific phonetic circumstances; a rule, on the other hand, would occur for other reasons than mere phonetic conditions, e.g., sociolinguistic parameters. Phonological processes can oppose each other in an input-switch rule, i.e., for instance, a process may be opposed to a phoneme.

A description of the sociophonology of Viennese German (VG) was proposed by Moosmüller (1987), followed by a study of spoken Standard Austrian German (Moosmüller 1991), which laid the foundation for a number of subsequent works. Sylvia combined sociolinguistic approaches (research on language attitudes, prestige, and language politics) with the sociophonological practice of speakers in her analysis of the interplay between Viennese Dialect (VD) and Standard Austrian German (SAG). She also discussed what has been called 'pluricentrism' (Clyne 1987, (ed.) 1992), which she described in terms of hierarchical (cascaded) centres and peripheries, where rural speakers will be influenced by a smaller urban centre, while speakers of the smaller urban centre will be influenced by the speech in Vienna, and both are under the influence from Germany, e.g. through media, with every higher centre being more overtly prestigious than the smaller one (cf. Moosmüller & Vollmann 1995). The microanalysis of the phonological interactions between standard language forms and local varietal forms was the main concern in Sylvia›s early works.

1.2. Input-switch rules

Input-switch rules are rules which define variables for phonemes or words. It is important to note that they are not unidirectional rules; instead they put two (or more) variables in an equivalence relationship (bidirectionality). The list of input-switch rules below describes the phonological differences between SAG and VD (cf. 01). However, some switches are more salient than others. For instance, a dialectal variant will sometimes be considered 'more/less dialectal' than others, other forms or phonological realisations will rather be interpreted by speakers as 'low register' (slang) or in terms of 'ease of pronunciation' (casualness, laziness). This perception explains why some 'dialectal' features can enter the meso- or acrolectal register, i.e., the sociolect which, in principle, requires standard language, while other forms are frowned upon if used in formal settings.

(01) Some segment- and word-based input-switch rules for VG
(cf. Moosmüller 1987, 1991; Hobel & Vollmann 2016: 9ff.)

S1	/aɛ/ ↔ /ɛ:/	W1	/aɔx/ ↔ /a:/
S2	/aɛ/ ↔ /a/ ↔ /ɔɐ/[1]	W2	/vɪɐ, mɪɐ/ ↔ /ma/
S3	/u:/ ↔ /uɐ/	W3	/ɪç, dɪç, mɪç, sɪç/ ↔ /i:, di:, mi:, si:/
S4	/i:/ ↔ /iɐ/	W4	/nɪçt/ ↔ /nɛ:ḍ/
S5	/y, ʏ/ ↔ /i:, i/	W5	/dɑs/ ↔ /dɛ:s/
S6	/ø, œ/ ↔/ɛ:, ɛ/	W6	/sɪnḍ/ ↔ /sa:n/
S7	/ɔɛ/ ↔ /ɜ:/	W7	/ɪst/ ↔ /i:z/
S8	/a:/ ↔ /ɔ:/	W8	/kɔm(ɛ)/ ↔ /kum/ ↔ / kim/[1]

These substitutions are exemplified in example (02): In the sentence 'Was hast du gesagt?', the input-switches a↔ɔ/ɑ,-ḍu↔Ø, ġe-↔Ø are applied by different speakers in different ways, thereby allowing the recognition of social group memberships. The exact choice of variables constitutes a sociolectal register.

(02) Various discernible speech styles in AG

(a)	STANDARD LG.	vas	hastu	gɛsa:gt	
(b)	UPPER CLASS	vɑs	hɑstu	gɛsɑ:gt	
(c)	DIALECT/LC	vɔs	hɔst	gsɔg(t)	
(d)	URBAN MC	vas	hast	gsa:gt	

[1] A word such as 'breit' SAG /bʀaɛt/ is /bʀɔɐḍ/ in many dialects, except in Vienna (and Lower Austria), where it is /bʀa:ḍ/ (in VD); the latter form is spreading to other dialects and therefore becomes another input-switch rule for some speakers who may then fluctuate between the forms /bʀaɛt/ ↔ /bʀɔɐḍ/ ↔ /bʀa:ḍ/.

[2] The word '(ich) komme' is STD /kɔmɛ/, colloquially /kɔm/, dialectally either /kum/ or /kim/.

It is noteworthy that it is partially acceptable for a realisation of SAG [a] as [ɑ] in (b) (upper class), while middle class speakers would avoid [ɑ] in favour of [a], as in (d). For the prefix [gɛ-/g-], the opposite choice applies.

1.2. Standard languages and vernaculars

A standard language (for a comprehensive discussion, cf., e.g., Daneš 2004) is a relatively uniform variety of a language derived from a koiné or urban variety, used in a wide range of communicative functions, with prescriptive, written norms codified in grammars and dictionaries, subsequently roofing spoken varieties which are influenced by it.

In traditional cultures, standard languages are written languages used by *specialists* for religious, administrative and educational purposes (e.g., Sumerian, Latin, Sanskrit). Spoken varieties coexist independently in the form of dialect continua and spoken languages (largely unnoticed by historical records). Communicative needs are bridged through multilingual practices (e.g., learning more varieties, or by the establishment of a *lingua franca*). In this situation, the standard language will not interact much with the spoken varieties, as it is not actively accessible to most people.

Modern standard languages, on the other hand, are formed from one (prestigious) spoken variety (*ausbau language*) and spread through school education. This language is also elaborated for context-independent, active use (*activation, textualisation*) which makes written and spoken (elaborated) communication more easily accessible to more people (*demotisation*), which proves to be highly effective for the economy and education. Since standard languages are planned, codified, and mostly learned as L2 (cf. McWhorter 2007), they are well-described and therefore objectively accessible as a norm for writing and speaking. Furthermore, standard languages are *elaborated* (= *ausbau*; Kloss 1952, 1967) in structure and lexicon and allow high information density, grammatical complexity, precision, and lexical richness, and therefore serve *higher-level* (acrolectal) communicative functions.

Standard languages and spoken nonstandard varieties ('dialects') create a stylistic spectrum between *orate* and *literate* registers of a 'language' (cf. Biber 1988, 1995; Maas 2008, 2010). These registers express the distinction between context-dependent (situative, dialogic) and context-independent, i.e., well-planned, unidirectional text production (cf. Vollmann & Schwabl 2014, 2015)[3], with literate registers being more explicit in expressing semantic relations through junctors and subordination.

[3] cf. also 'high- and low-context communication' (Rhea 2007: 174f.).

Modern nation states usually define a national standard language and subsume other varieties as dialects or minority languages (*abstand languages*; Kloss 1952, 1967). Education in a standard language leads to a one-sided multilingualism in which all speakers of nonstandard varieties share one common and elaborated language which subsequently influences the spoken varieties structurally and assimilates them to the standard language (dialect levelling), leaving very little space for local peculiarities. Eventually, this situation leads to *one* language with various registers (orate vs. literate) and small dialectal (geographical) or sociolectal (social) differences (with phonological and lexical differences).

One complication is pluricentrism (cf. Clyne 1987, (ed.) 1992), where one (standard) language has various political centres and therefore develops small differences also in the standardised form. Chinese, English, and German are examples of this situation.

Standard languages have *overt prestige* and influence non-standard varieties now termed 'dialects'. The convergence of forms may occur, as in (03), where a historical dialectal development is interrupted by the adoption of a standard form. What remains is the application of dialect phonology to a standard form, in this case the input switch S8 /a:/ ↔ /ɔ:/.

(03) Language change in the dialect: variety of forms

STD	ʔiç habe	↔	ʔiç hab(e)	↔	ʔiç hɑ:b̥
DIA	ʔi(ç) /han/	→	ʔi hɑõ	|| ↳	ʔi hɔ:b̥

This is a universal occurrence; all standard languages will influence dialects and minority languages as a *dominating* language. For instance, speakers of Hakka Chinese in Malaysia who nowadays learn Mandarin Chinese at school replace traditional Hakka words with Mandarin words by phonologically integrating them into Hakka phonology, as in (04c: cè suǒ ↔ $cɨ^{55}$ so^{31}).

(04) Dialect levelling in Malaysian Hakka (Vollmann & Soon 2018a)

(a)	$ngai^{11}$	oi^{55}	hi^{55}	si^{11} $hang^{24}/pun^{55}$ $gong^{24}$.	(traditional lexeme)
	I	need	go	shit drain.	
(b)	$ngai^{11}$	oi^{55}	hi^{55}	$siao^{31}$ pen^{24} $fong^{24}$.	(euphemism)
	I	need	go	small business room	
(c)	$ngai^{11}$	oi^{55}	hi^{55}	$cɨ^{55}$ so^{31}.	← Md. 厕所 cè suǒ
	I	need	go	toilet	

I need to go to the toilet.

The same example could also be construed with Austrian German [aḅuɐt] ('Abort' ← lat.), which disappeared two generations ago and was replaced by [kʟo:] (← 'Klosett' ← lat.) which is again replaced by Standard German [tɔɐ›lɛtɛ] ('Toilette' ← fr.).

While rural environments are somewhat resistant to language change from above, urban languages are prone to more convergences between the two ideals of standard and dialect, as shown in (05) where a standard language phonology of the lexemes occurs with dialect morphology ('mit laŋe oːɐn'), where the adjective has a different form to the STD ('laŋen'). The indefinite article (an unstressed function word) remains in its dialect form anyway. This variant of the phrase is neither the traditional 'dialect' nor 'standard language'; it is a new sociolect based on the substratic standard and the superstratic dialect.

(05) Variation in Graz: Urban speech is neither the traditional dialect nor the standard language (from the *Styrialects corpus*)

URBAN	ɐ	haːsɛ	mit	laŋe	oːɐn
STANDARD	ein	Hase	mit	langen	Ohren
DIALECT	ɐ	hɔːs	mit	lɑõŋe	uɐn
CHOICE	DIA	STD		DIA/STD	STD

Due to this variation, some choices are considered (more) dialectal, others are considered (more) casual speech, with unclear boundaries. The function word 'ein' is obviously seen as being casually 'reduced' to /ɐ/, while 'Hase' is pronounced in the standard form, and /hɔːs/ would instead be considered dialectal. In some cases, dialectal forms compete with each other, as in (06).

(06) Competitive variants in dialect

	DIA	↔	STD		considered rather ...
(a)	i kum	↔	ich komme	**I am coming**	casual
	i kim	↔	ich komme	**I am coming**	dialectal
(b)	aɛsɔ	↔	also	**well**	casual
	ɔɛsɔ	↔	also[4]	**well**	dialectal

[4] The two forms for 'also' are derived either by S8 /a:/ ↔ /ɔ:/ followed by /l/ ↔ /ɛ/ (l-vocalisation, cf. Moosmüller 1987, etc.; Vollmann et al. 2017), or by /l/ ↔ /ɛ/ creating a diphthong /aɛ/ which then can no longer feed S8 /a:/ ↔ /ɔ:/.

This reflects stereotypical attitudes about standard and dialect forms, where dialect is seen as the basilectal, familiar and thus also casual register. The forms which are closer to the standard language are interpreted as merely being casual forms, even if they are dialect variables.

This range of variables serves to produce sociopragmatic effects. In (07), a North Styrian speaker (from Kainach near Bad Aussee, a tourism region) criticises the introduction of word forms used by German tourists into the speech in Austria, equating standard language with the higher centre and dialect with the Austrian nation; however, the emphatic effect is achieved by switching to standard language forms.

(07) Styrian speaker (LIKAIW037)

odɐ	nudlhɔlts	--	nudlvɔɛgɐ!	dɛɪs is ɔɛs --	dɛɪs is ɔɛs
oder	'Nudelholz'	--	Nudelwalker!	Des is ois --	des is ois
DIA	STD	--	DIAL	DIAL	DIAL

dɛs daɛtʃɛ;	al̥ɛs dɔɛtʃɛ --	pʀɔɛsn --	pʀɔɛsiʃɛ vœɐtɐ!
des deitsche;	alles deutsche	Preußen-	preußische Wörter!
DIA	STD	STD	STD

2. OVERVIEW

Sylvia's aim was to combine the sociolinguistic analysis with the underlying phonological means. The author of this contribution collaborated with her on some aspects of this endeavour. (a) In various papers, Moosmüller and Vollmann analysed the Viennese monophthongization (Vollmann 1996; Moosmüller & Vollmann 2000) as an example of an input-switch between a process (a gradual monophthongization) in SAG and a monophthong in VD. (b) One study on the acquisition of phonological variation describes some of the problems Austrian children face in a sociolectally complex situation in Vienna (Moosmüller & Vollmann 1994). (c) On the basis of the *Styrialects* corpus, the L2 acquisition of phonological variation was analysed in a case study by Hobel and Vollmann (2016), in cooperation with Moosmüller. (d) Finally, an outlook on the analysis of dialect-speaking talk radio is presented.

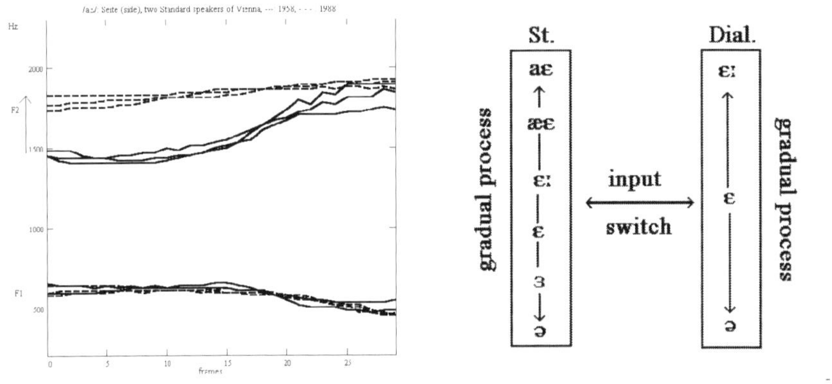

(08) (a) Formants F1 and F2 for /ae/ in VD: monophthong [ɛ:] or diphthong [aɛ]. (b) Model for the interaction between the gradual monophthongisation of the diphthong /ae/ in VG and the range of realisations of the dialectal monophthong (cf. Vollmann 1996).

3. SOCIOPHONOLOGICAL ANALYSES

3.1. The Viennese monophthongization

With the then rather new possibilities for acoustic phonetic analyses at the Acoustics Research Department of the Austrian Academy of Sciences (STx), Vollmann (1996 [1991]) investigated the phonetics of the Viennese monophthongisation in Moosmüller's corpus of Austrian speakers. As is well-known, VD has a monophthong where SAG has a diphthong ('ei' [ae] ↔ [ɛ:], 'au' [ao] ↔ [ɔ:][5]). However, the SAG variable undergoes a gradual process of monophthongisation, which can lead to different outputs in the same utterance. In order to explain this variation, the application of postlexical stress which depends on the speaker's choices has to be considered (cf. Madelska & Dressler 1996). If a speaker decides to put relatively more or less (postlexical) stress on a diphthong, it will be more or less diphthongic in VG; this effect does not occur in VD. The difference between the monophthongic or diphthongic realisation is exemplified in (08a); the VG monophthongization is a gradual process, as much as the gradual phonological reduction of the VD monophthong can be observed (08b). A quantitative study of the degree of diphthongic quality (by F2 movement as seen in 08a) in diagram (09) displays the quantitative distribution of /ae/ realisations in 4 speakers (in

[5] The same is true for 'eu' [ɔɛ] ↔ [ɜ:].

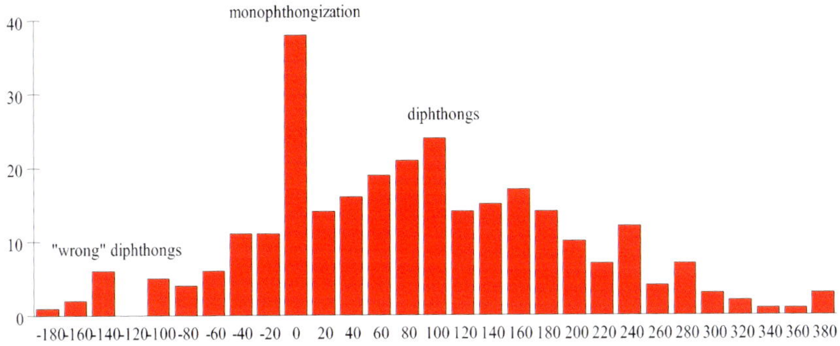

(09) The number of occurrences of F2–movements (20 Hz bands) for /aɛ/ in Viennese German (4 speakers; cf. Vollmann 1996).

terms of F2 movement); it shows that the speakers do distinguish two different realisations for phonemic /ae/, a monophthong (peak at 0 Hz F2 movement) and a distribution of diphthongs (peaking at 100 Hz F2 movement), which was interpreted as evidence of the two-competence model. Vollmann & Moosmüller (1999) and Moosmüller & Vollmann (2001) also argued in favour of a constructivist approach to language change, in that a discernible phonetic difference which was previously just variation ('noise') can be interpreted as 'meaningful' (e.g., socio-pragmatically) and thereby creates a (socio-)phonological difference.

In the qualitative analysis, however, speakers show different realisations in the same settings, as shown in (10). This requires an explanation which is found in postlexical stress assignment.

(10) F2 movement in /ae/ diphthongs (cf. Vollmann 1996, 4 speakers)
(10a) ... denn ***Reibereien*** zwischen dem öffentlichen Verkehr und ...
(10b) ... vor einer Kreuzung links ***eingereiht***....

SPK:	(a)	ʀaɛ	bɐ	'ʀaɛ.n
A:		226.5		**515.0**
B:		109.4		**171.9**
C:		183.6		**210.9**
D:		132.8		**425.7**

(b)	aɛ̯ŋ	(ge)	ʀaɛ̯t
	132.8		**234.4**
	277.3		65.1
	179.7		**320.3**
	208.4		187.5

The realisation of stronger or weaker diphthongs depends on postlexical stress patterns (cf. Madelska & Dressler 1996) which determine the strength of the process; in (10a), all four speakers produce a stronger second diphthong in the word *Reibereien*, whereas in (10b), different stress patterns can lead to some variation between speakers.

3.2. Language development and variation

There is relatively little research on variation in language development. In a diary study of their children, Moosmüller and Vollmann (1994) found that urban parents often seem to use SAG in child-directed speech, while otherwise being dialect speakers; other children (peers) and parents do the same; consequently, the young children in the urban environment of Vienna focus on SAG first, and only slowly start to apply sociophonological rules to produce dialectal forms, beginning at age 4, acquiring some small sociophonological competence towards age 5-6. It was found that the children first cancelled out variation, translated dialectal utterances into the standard language (11) (sometimes correctly as in (11a), sometimes with non-target forms as in (11b)), and then started to sometimes use dialect forms for sociopragmatic purposes such as showing affection, anger, and other feelings (12). The variable rules (input-switches) were sometimes wrongly applied (13), and bigger differences between standard and dialect made it more difficult for the children to translate dialect into standard (14). It was concluded that sociolectal variation is learned together with its stereotypical function of dialect forms as basilectal, familial, personal speech. In other words, the children are not dialect speakers, but can use input-switch rules to some degree to produce some register differences.

(11) Correction of dialect forms (Moosmüller & Vollmann 1994)
A1= greatgrandmother, A2= mother, A3= father, C1/C2= child 1/2.

(a)	A1:	kʀiɐ̯g̊st ɐ ɒndɐs kʰɛ:ksɐl kʰã: sɔ ɐ hɔɐ̯ts
		you get a different cookie – not such a hard one.
	C2:	kʰae̯n hɔɐ̯t::ɛs – kʰae̯n ha:tɛ̈s
		not a hard one – not a hard one.
(b)	A2:	v̥i:sɔ hɔstɐs d̥ɛn ɔ:d̥ʀa:t
		Why did you switch it off?
	C1:	iç ha:b̥ ɛ̈s niçt ab̥g̊ɛ̈d̥ʀa:t
		I did not switch it off.

(12) Attempts at dialect use (Moosmüller & Vollmann 1994)

(a)	C1:	d̥as khan iç **nɛt**	Das kann ich nicht.
		I cannot do that.	
(b)	C1:	iç ne:m d̥as **d̥ɔ**	Ich nehme das da.
		I take this one.	
(c)	C1:	d̥a ist ɛɐ̯ g̊ants **alã:**	Da ist er ganz allein!
		There he is totally alone.	

(d)	C2:	v̥ɛ̈l iç my:dɛ̈ b̥in ɔdɐ **miɐ̯d̥**	Weil ich müde bin
		Because I am tired – or tired.	
(e)	C2:	papa max d̥i aɔ̯g̊ŋ **tsuɐ̯**	Papa, mach die Augen zu!
		Papa, close your eyes!	

(13) Wrong input-switch applications

	C1:	iç hab̥s niçt g̊ɛ̈siɐ̯çt	Ich hab's nicht gesehen.
		I have not seen it.	

(14) Copying or correcting from adults

(a)	A3:	d̥ɛs gɛ:t jɔ nɛ̈t **aɛ̯ni**	Das geht ja nicht hinein.
		That does not fit in.	
	C1:	ɔja ɛ̈s g̊ɛ:t ʃɔ:n **aɛ̯ni**	Ohja, das geht schon hinein.
		It does fit in.	
(b)	A3:	kʰa:ʀɔ ge: ɔvi	Caro, geh runter.
		Caro, go down!	
	C1:	v̥aʀum sɔɭ iç **a:bige:n**?	Warum soll ich runtergehen?
		Why should I go down?	

This situation is obviously a global phenomenon in urban language use where standard languages are the first language for children. For instance, a study on the situation of a Hakka family in Kuala Lumpur showed that the children are addressed mostly in Mandarin, while adults speak Hakka with each other. The children eventually do acquire a competence in understanding Hakka, in spite of not being explicitly taught to use this language (cf. Vollmann & Soon 2018b). Similarly, in the *Styrialects* project, young speakers in Graz produce South Styrian phonological variables, but often lack knowledge of nonstandard dialectal lexemes. In both situations, dialect use is reduced to phonological differences (input-switch rules), while grammatical and lexical differences tend to disappear in the intergenerational transmission.

3.3. The secret to sounding native

With immigration, many speakers of German are confronted with phonological variation in a foreign language as adults, formally learning Standard German, but being exposed to dialect and colloquial styles in real life. Hobel and Vollmann (2016) applied Moosmüller's model to the speech of an Albanian speaker who had lived in Austria for more than 10 years and appeared to speak Austrian dialect (with a foreign accent; cf. (15)). In a sociophonological analysis, the use of standard and dialect variables was analysed. The L2 speaker basically chose only a few segmental dialect forms, but used certain word-based dialect forms. The person thus had an only partial competence in (mostly word-based) input-switch rules, mainly for certain (function) words and most salient phonological differences (16). The speaker applied the dialectal choices to fit into casual speech situations, while at the same time, she expressed a negative attitude towards non-standard speech, both in her mother tongue and in German. This case study was refined in a phonetic study of her /l/ realizations (Hobel, Moosmüller & Kasess 2016) in an attempt to analyse the secret to sounding 'foreign' (cf. also Schmid 2016).

(15) Migrant speaking Austrian German (Hobel & Vollmann 2016)

'damœɛls	vɔ.ɪ	tsum 'bæɛʃpʏl	'ɦɛɐkɔmɛn bin	[...]
Damals,	wo ich	zum Beispiel	hergekommen bin	[...]

At that time, when I came here, for example, [...]

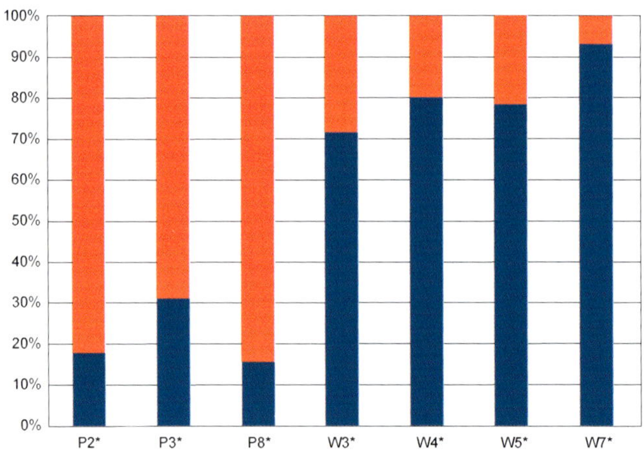

(16) Frequency of either segmental (P or S) or word-based (W) standard and dialect forms (i.e., input switch choices) in the German speech of an immigrant (Hobel & Vollmann 2016). The input switches represented here are: P2: aɛ↔a; P3: u:↔uɐ; P8: a:↔ɔ:; W3: ɪç/dɪç/...↔i:/di:/...; W4: nɪçt↔nɛ:ḍ; W5: dɑs↔dɛ:s; W7: ɪst↔i:z.

By and large, the non-native speaker creates the impression of speaking a casual Austrian colloquial language by mostly selecting some word-based dialect-forms (W), while the speaker often opts for opt for the standard variable for segmental (phonological) input-switches (P). The discrepancy between a standard language taught as L2 and the spoken variability of forms is partially overcome through language practice.

3.4. Dialects and standard in Austrian media

Finally, in an ongoing analysis of local talk radio in the ORF (ÖR), the complex interplay of dialect and standard forms is analysed, departing from the double-bind situation of the moderator to speak dialect with the callers in an acrolectal situation in which a more formal language is appropriate. The moderator therefore needs to *elaborate* the dialect into a 'standard dialect' in order to adapt to the speech situation; this happens through avoidance of salient dialect forms and lexical borrowing from SAG with some phonological adaptation ([gɛbʀaxt] or [gɛbʀɑxt], not [b̥ʀɔxt]), basically through the use of a localised variant of the standard language. The specific mixture can again be explained by a micro-analysis of input-switches for phonological elements and entire words. Again, the dialect forms of unstressed function words provide a dialectal impression, while important (and stressed) words are pronounced in standard language form.

(17) Dialect in the radio gets standardised (00:04:57.472-00:05:02.377)

TRS	gɛnaɔ	dɛn	**ja:ʀəsfoldɐ**	gib̥ts	saet	**aenɐ**	vɔxŋ̍	uŋgefɛɐ
ORT	Genau,	den	Jahresfolder	gibt es	seit	einer	Woche	ungefähr
ISR	xxxxx	STD	S7:STD	W9:DIA	xxxx	S2:STD	DIA	xxxxxx

TRS	**viɐ**	həmɐn	ʃɔ	in	umlaɔf	**gɛbʀaxt**
ORT	wir	haben ihn	schon	in	Umlauf	gebracht
ISR	STD	S7:DIA	DIA	xx	xxxxxx	S7:STD

5. SUMMARY

Sylvia's contribution to sociolinguistics is based on her interest in detailed phonological and phonetic analyses which help describe the sociolinguistic effects of phonological variation. The model of NP in combination with variational parameters (input-switch rules) proved to be particularly useful for the description and explanation of phonological variation in actual speech production, which is seen as a sociolinguistic tension between two competing sociolinguistic norms, an acrolectal standard language and a basilectal dialect. The actual production of speech unfolds by choosing particular variables from one or the other system (input-switch) in order to create a fine-tuned sociolinguistic register that is sociopragmatically intended by a speaker which can be decoded by a competent listener. The sociophonological micro-analysis pins down the exact parameters of this effect. Phonological processes are technically steered by postlexical stress assignment; input-switch rules describe the choices from two distinct phonological systems.

As was Sylvia's aim from the beginning of her scientific work, this analysis helps explain the sociopragmatic functions of standard and dialect and the discrepancy between language attitudes and the actual language practice of the speakers, due to the differences in sociolinguistic prestige of the two ideals for speech production. The sociophonological analysis of variation should be considered in L1 and L2 acquisition research.

Departing from her early contributions on aspects of VD, Sylvia's legacy lives on in the projects of the Sound Research Dept. of the AAS, and her multiple cooperations, as well as in the *Styrialects* project in Graz (cf., e.g., Vollmann et al. 2017).

6. ABBREVIATIONS

AAS	Austrian Academy of Sciences	Md.	Mandarin Chinese
AG	Austrian German	NP	Natural Phonology
A1,2,3	adult caretakers	MC	middle class
C1,2	child 1 and 2	P	phoneme-based ISR
DIA	dialect form	S	segment-based ISR
F1	first formant	SAG	Standard Austrian German
F2	second formant	SPK	speaker
ISR	input-switch rule	STD	standard language
L1	first language development	UGS	colloquial language
L2	second language development	VD	Viennese Dialect
LC	lower class	VG	Viennese German
LG	language	W	word-based ISR

7. REFERENCES

Biber, Douglas (1988). *Variation across speech and writing.* Cambridge: CUP.

Biber, Douglas (1995). *Dimensions of register variation.* Cambridge: CUP.

Cedergren, Henrietta & David Sankoff (1974). Variable rules: performance as a statistical reflection of competence. *Language*, 50, 333–355.

Clyne, Michael (1987). The Interaction of national identity, class and pluriglossia in a pluricentric language. In D.C. Laycock & W. Winter (eds.): *A world of language. Papers presented to professor S.A. Wurm on his 65th birthday*. Pacific Linguistics C-100, 127–139.

Clyne, Michael G. (ed.) (1992). *Pluricentric languages: Differing norms in different nations* (Contributions to the Sociology of Language 62). Berlin, New York: Mouton de Gruyter.

Daneš, František 2004. Herausbildung und Reform von Standardsprachen und Destandardisierung. In Herbert Ernst Wiegand (ed.), *Handbücher zur Sprach- und Kommunikationswissenschaft*, Bd. 3.3. 2. Aufl, pp. 2197–2209. Berlin, New York: de Gruyter.

Donegan, Patricia J. & David Stampe (1979). The study of Natural Phonology. In Daniel A. Dinnsen (ed.), *Current approaches to phonological theory*, 126-174. Bloomington, London.

Draxler, Christoph & Felicitas Kleber (eds.) (2016). *12. Tagung Phonetik und Phonologie im deutschsprachigen Raum.* München. urn:nbn:de:bvb:19-epub-29405-2

Dressler, Wolfgang U. (1973). On rule ordering in casual speech styles. *Wiener Linguistische Gazette* 4, 3–7.

Dressler, Wolfgang U. (1975a). Methodisches zu Allegro-Regeln. In Wolfgang U. Dressler & František V. Mareš (eds.), *Phonologica* 1972, 219–234. München.

Dressler, Wolfgang U. (1975b). Grundprobleme der Soziophonologie. *Grazer Linguistische Studien* 1, 25–31.

Dressler, Wolfgang U. & Ruth Wodak (1982). Sociophonological methods in the study of sociolinguistic variation in Viennese German. *Language in Society* 11, 339–370.

Hobel, Bettina & Ralf Vollmann (2016). Phonological case study of the use of (Styrian) dialect and standard language in German as a second language. *Grazer Linguistische Studien* 84: 5–20.

Hobel, Bettina & Sylvia Moosmüller & Christian H. Kasess (2016). The realisation of Albanian laterals in German as a second language: A case study. In Draxler & Kleber (eds.), 66–69.

Kloss, Heinz [1952] (1978). *Die Entwicklung neuer germanischer Kultursprachen seit 1800*, 2. erw. Aufl., Düsseldorf.

Kloss, Heinz (1967). Abstand-languages and Ausbau-languages. *Anthropological Linguistics* 9, 29–41.

Maas, Utz (2008). Können Sprachen einfach sein? *Grazer Linguistische Studien* 69, 1–44.

Maas, Utz (2010). Literat und orat. Grundbegriffe der Analyse geschriebener und gesprochener Sprache. *Grazer Linguistische Studien* 73: 21–150.

Madelska, Liliana & Wolfgang U. Dressler (1996). Postlexical stress processes and their segmental consequences illustrated with Polish and Czech. In Bernhard Hurch & Richard Rhodes (eds.), *Natural Phonology. The State of the Art*, 189–200. Berlin, New York: Mouton de Gruyter.

McWhorter, John (2007). *Language interrupted. Signs of non-native acquisition in standard language grammars.* Oxford: OUP.

Moosmüller, Sylvia (1985). Diskrimination und Einschätzung des dialektalen input-switch /ɑ/ ↔ /ɔ/. *Wiener Linguistische Gazette* 35–36, 75–94.

Moosmüller, Sylvia (1987). *Soziophonologische Variation im gegenwärtigen Wiener Deutsch. Eine empirische Untersuchung.* Stuttgart: Steiner (= Zeitschrift für Dialektologie und Linguistik, Beiheft 56).

Moosmüller, Sylvia (1991). *Hochsprache und Dialekt in Österreich. Soziophonologische Untersuchungen zu ihrer Abgrenzung in Wien, Graz, Salzburg und Innsbruck* (Sprachwissenschaftliche Reihe 1). Wien, Köln, Weimar: Böhlau.

Moosmüller, Sylvia & Ralf Vollmann (1994). Dialekt- und Hochsprachevariation bei Kleinkindern in Wien: Phonologie. In Harald Burger & Annelies Häcki-Buhofer (eds.): *Spracherwerb im Spannungsfeld von Dialekt und Hochsprache* (Züricher Germanistische Studien 38), 109–128. Bern: Lang.

Moosmüller, Sylvia & Ralf Vollmann (1995). Fenomén 'spisovný jazyk' na príklade Rakúska. In Ondrejovic, Slavo & Mária Šimková (eds.), *Sociolingvistické Aspekty výskumu Súcasnej Slovenciny.* Bratislava: Veda (= Sociolingvisticka Slovaca 1), pp. 50–65.

Moosmüller, Sylvia & Ralf Vollmann (2000). The spread of the Viennese monophthongization: A socio-phonetic analysis. In Schaner-Wolles, Chris & Rennison, John R. & Neubarth, Friedrich (eds.): *Naturally! Linguistic studies in honour of Wolfgang Ulrich Dressler presented on the occasion of his 60th birthday.* Torino: Rosenberg & Sellier, pp. 327–335.

Moosmüller, Sylvia & Ralf Vollmann (2001). 'Natürliches Driften' im Lautwandel: die Monophthongierung im österreichischen Deutsch. *Zeitschrift für Sprachwissenschaft* 20/1: 42–65.

Rhea, Paul (2007). *Language disorders from infancy through adolescence.* 3rd ed. St. Louis: Mosby Elsevier.

Schmid, Carolin (2016). An acoustic analysis of German initial laterals in the L2 speech of Bosnian migrants living in Vienna. In Draxler & Kleber (eds.), 176–179.

Stampe, David (1979). A dissertation on Natural Phonology. New York.

Vollmann, Ralf & Sylvia Moosmüller (1999). The change of diphthongs in Standard Viennese German: The diphthong /aɛ/. in: *Proceedings of the XIVth International Congress of Phonetic Sciences (ICPhS'99)*, vol. 1: pp. 345–348.

Vollmann, Ralf (1996). Phonetics of Informal Speech: The Viennese Monophthongization. *Studia Phonetica Posnaniensia* 5: 1–15.

Vollmann, Ralf & Katharina Schwabl (2014): Die Entwicklung literater Kompetenz bei Vorschulkindern mit Migrationshintergrund. in: Inci Dirim & Hans-Jürgen Krumm & Paul Portmann-Tselikas & Sabine Schmölzer-Eibinger (eds.): *Theorie und Praxis.* (= Jahrbuch für Deutsch als Fremd- und Zweitsprache 3/2014. Schwerpunkt: Schreiben und Literalität). Wien: Präsens, pp. 29–49.

Vollmann, Ralf & Katharina Schwabl (2015): Protoliterate Strukturen bei monolingualen und bilingualen Kindergartenkindern. in: GLS 82 (2014): 63–90.

Vollmann, Ralf & Thorsten Seifter & Bettina Hobel & Florian Pokorny (2017). l-vocalization in Styria. in: Sylvia Moosmüller & Manfred Sellner & Carolin Schmid (eds.): *Phonetik in und über Österreich*, 123-136. Wien: Österreichische Akademie der Wissenschaften (= Veröffentlichung zur Linguistik und Kommunikationsforschung 31).

Vollmann, Ralf & Tek Wooi Soon (2018a). Chinese identities in multilingual Malaysia. *Grazer Linguistische Studien* 89, 35–61. DOI: 10.25364/04.45:2018.89.3

Vollmann, Ralf & Tek Wooi Soon (2018b). Multilingualism and language shift in a Malaysian Hakka family. *Grazer Linguistische Studien* 89, 89–110. DOI:10.25364/04.45:2018.89.5

Watt, Dominic 2007: Variation and the variable. in: Carmen Llamas & Louise Mullany & Peter Stockwell (eds.): *The Routledge Companion to Sociolinguistics.* London: Routledge, pp. 3–11.

Wodak-Leodolter, Ruth & Wolfgang U. Dressler (1978). Phonological variation in Colloquial Viennese. *Michigan Germanic Studies* 4(1), 30–66.

Mehrsprachiges Aufwachsen und Sprachentwicklungsstörungen. Sylvia Moosmüllers Forschung über Sprachvariation und die klinische Praxis der Sprachdiagnostik

BRIGITTE EISENWORT[1], CAROLIN SCHMID[2], FADY YOUSUF[3], ANNA WINKLER[1], ANNA FELNHOFER[1], CLAUDIA KLIER[1]

Abstract. Bei Kindern mit Autismus-Spektrum-Störung (ASS) zeigen 60 Prozent mittel bis stark ausgeprägte Störungen der Sprech- und Sprachentwicklung. So produzieren sie neben sprachähnliche Lautproduktionen, die mit ihrem Sprachentwicklungsniveau korrelieren, auch untypische Vokalisierungen. Kombinieren mehrsprachig aufwachsende Kinder mit ASS bedeutungsvolle sprachliche Einheiten, also Wörter, mit untypischen Vokalisierungen, Kunstwörtern oder sinnfreien Silben, so muss die linguistische Analyse als komplexer, mehrstufiger Prozess gesehen werden. Bei der Sprachdiagnostik ist es eine zentrale Aufgabe, eine Grenze zwischen unauffälliger lautlicher Variation und pathologischer Variation zu finden. Der sprachliche Output, wie auch Sylvia Moosmüller in ihrer langjährigen Forschung immer wieder gezeigt hat, ist selbst bei unauffälliger sprachlicher Entwicklung stets einem gewissen Grad an Variation unterworfen (in Bezug auf eine idealisierte Standardsprache). Vor diesem Hintergrund ist die Sprachdiagnostik bei ASS ein komplexer mehrstufiger Prozess, wie am Beispiel einer Fallstudie eines Kindes mit ASS (ICD-10, F.84.9), das bilingual Arabisch und Deutsch aufwächst, ausgeführt wird. In einem Team, bestehend aus einem L1-Sprecher, zwei PhonetikerInnen und einer Klinischen Linguistin, wird die Analyse einer freien Redeprobe exemplarisch dargestellt und ergänzt durch Ergebnisse von Screeningverfahren. Die linguistische Erforschung von sprachlicher (besonders phonetischer) Variation ist eine wichtige Voraussetzung, um in der Sprachpathologie sinnfreie Silben, die Fantasiesprache charakterisieren, von sinnhaften Einheiten (wie Morphemen oder Wörtern) zu unterscheiden. Während es so beispielsweise für das österreichische Deutsch schon wichtige, besonders in der Arbeitsgruppe um Sylvia Moosmüller und andere entstandene Arbeiten gibt, existieren weniger vergleichbare Studien zum Arabischen oder zur Sprache der MigrantInnen erster und zweiter Generation. Deshalb haben auch normierte Testverfahren bei der Sprachentwicklungsdiagnostik von mehrsprachig aufwachsenden Kindern nur eine begrenzte Aussagekraft.

[1] Universitätsklinik für Kinder- und Jugendheilkunde, Ambulanz für Pädiatrische Psychosomatik, Medizinische Universität Wien

[2] Institut für Schallforschung, Österreichische Akademie der Wissenschaft

[3] Institut für Orientalistik, Universität Wien

EINLEITUNG

Kinder- und jugendpsychiatrische Erkrankungen zeigen eine hohe Komorbidität mit Sprachentwicklungsstörungen. So weisen zwischen 60 und 70 Prozent der ambulant oder stationär an kinderpsychiatrischen Abteilungen zugewiesenen Kinder Störungen der Sprachentwicklung auf (Giddan et al. 1996). Bei Kindern mit Autismus-Spektrum-Störung (ASS) zeigen 60 Prozent mittel bis stark ausgeprägte Störungen der Sprech- und Sprachentwicklung (Kjellmer et al. 2018). Sie können bereits in ihrer Lallphase qualitative Abweichungen von den Vokalisierungen von Kindern mit unauffälliger Sprachentwicklung zeigen. Schoen et al. (2011) finden, dass Kinder mit ASS sprachähnliche Lautproduktionen zeigen, die mit ihrem Sprachentwicklungsniveau korrelieren, ebenso wie bei unauffällig sprachentwickelten Kindern. Sie produzieren jedoch auch atypische Vokalisierungen, wie sie bei unauffälliger Sprachentwicklung nicht auftreten. Auch Plumb und Wetherby (2011) zeigen, dass Kinder mit ASS im zweiten Lebensjahr signifikant weniger typische Vokalisierungen mit Sprachlauten aus ihrer Umgebungssprache und signifikant mehr untypische Vokalisierungen, wie sie beim ungestörten Spracherwerb nicht auftreten, verwenden. Schoen et al. definieren sprachähnliche Vokalisierungen als Konsonanten und/oder Vokale, die nach dem Internationalen Phonetischen Alphabet (IPA) phonetisch transkribierbar sind und sprachähnliche Resonanzmuster zeigen. Untypische Vokalisierungen zeigen keine sprachähnlichen Resonanzmuster (quietschen, schreien, lachen) und auch keine Konsonanten. Sprachähnlichen Vokalisierungen sind somit als universelle Muster erkennbar. Kombinieren mehrsprachig aufwachsende Kinder mit ASS bedeutungsvolle sprachliche Einheiten, also Wörter, mit untypischen Vokalisierungen, Kunstwörtern oder sinnfreien Silben, so muss die linguistische Analyse als komplexer, mehrstufiger Prozess gesehen werden, wie weiter unten ausgeführt werden soll.

Bei der Sprachdiagnostik ist es eine zentrale Aufgabe, eine Grenze zwischen unauffälliger lautlicher Variation und pathologischer Variation zu finden. Die Abweichungen in den lautlichen Äußerungen von Kindern mit ASS im Vergleich zu unauffällig sprachentwickelten Kindern könnten auch als extreme Form von sprachlicher Variation gesehen werden. Allerdings ist der sprachliche Output, wie auch Sylvia Moosmüller in ihrer langjährigen Forschung immer wieder gezeigt hat, selbst bei unauffälliger sprachlicher Entwicklung stets einem gewissen Grad an Variation unterworfen (in Bezug auf eine idealisierte Standardsprache). Sprachliche Realisierungen sind eine komplexe Erscheinung, da sie immer ein

Produkt verschiedener Variablen sind. So spielen insbesondere geografische Faktoren (Sprachkontakte über die regionale Herkunft, auch der Eltern und anderer naher Bezugspersonen), soziale Faktoren (wie soziale Schicht, Geschlecht, Alter) und situative Faktoren (Formalitätsgrad, Kommunikationsverhalten etc.) eine Rolle und können zu starker inter- und intraindividueller Variation führen.

Bei mehrsprachig aufwachsenden Kindern liegt der Variation in den jeweiligen Sprachen besonders der Sprachkontakt zugrunde, da jede der verwendeten Sprachen auch immer durch die andere(n) Kontaktsprache(n) beeinflusst wird (Sharwood-Smith, 1983, Flege, 2007). Eine Diagnose abweichenden Sprachverhaltens in einer der Sprachen wird nun zusätzlich dadurch erschwert, dass es oft dialektale, nicht gut untersuchte Ausprägungen der jeweiligen Sprachen sind, die bei mehrsprachig aufwachsenden Kindern in Kontakt stehen. In Bezug auf die sprachliche Situation in Österreich hat Sylvia Moosmüller mit ihrer Forschungsgruppe am Institut für Schallforschung wichtige Arbeit geleistet, besonders in Bezug auf eine Definition des Standards (u. a. Moosmüller, 1991, Moosmüller, 2007, Moosmüller et al., 2015), sowie in Bezug auf die Beschreibung verschiedener Dialekte (u. a. Moosmüller und Scheutz, 2013, Schmid et al., 2015, Moosmüller und Vollmann, 1994, Klingler et al., 2017). Auch der Beschreibung unterrepräsentierter Sprachen hat sie sich gewidmet (zum Albanischen z. B. Moosmüller et al., 2016, Moosmüller und Granser, 2003, 2006, zum Bosnischen im Kontakt mit Österreichischem Deutsch Schmid, 2017).In größeren städtischen Regionen (wie auch in Wien) ist die Variation außerdem stark durch soziale Faktoren bestimmt (vgl. Labov 2001, S. 227). Dabei spielen insbesondere soziale Schicht und Geschlechterbilder eine Rolle, wie Sylvia Moosmüller in ihrer Forschung auch zeigen konnte (Moosmüller, 1987, Moosmüller, 1999, Moosmüller et al., 2015, weitere Studien speziell zur Frauensprache in Wien, s. Lozo und Pucher, 2019). In Wien kommt es so zum Beispiel zu geschlechtsspezifischen Realisierungen: Insbesondere Frauen vermeiden häufig (je formeller die Situation, desto stärker) den velarisierten Lateral, da dieser mit dem negativ konnotierten Dialekt assoziiert wird (Schmid et al., 2015). Dass Frauen standardnäher sprechen als Männer (vgl. auch Labov 1990) wird in der Forschung oft auf geschlechtliche Rollenbilder, die sich auch in sprachlichem Output manifestieren, zurückgeführt (im Zusammenhang mit dem „linguistic marketplace“, Bourdieu und Boltanski, 1975, Bourdieu, 1991, Eckert und Mcconnell-Ginet, 1999). Es ist nicht auszuschließen, dass es vor dem Hintergrund einer anderen Sprach- und Kulturgemeinschaft auch zu anderen rollenspezifischen sprachlichen

Realisierungen kommen kann. Dass spezifische Rollenbilder sich schon im Kindesalter bemerkbar machen können, wurde beispielsweise von Ladegaard und Bleses (2003) am Beispiel des Erwerbs des Präteritums im Dänischen gezeigt. Auch Barbu et al. (2015) kommen zu dem Schluss, dass das Geschlecht zusammen mit dem sozioökonomischen Status einen Einfluss auf die Sprachentwicklung hat, aufgrund der unterschiedlichen Quantität und Qualität des sprachlichen Inputs, den die Kinder durch ihr Geschlecht und ihren Status bedingt erhalten.

Vor diesem Hintergrund scheint eine Evaluierung der Muttersprachentwicklung bei mehrsprachig aufwachsenden Kindern mit ASS sehr komplex, und muss in jedem Fall unter Berücksichtigung der individuellen Merkmale der PatientInnen erfolgen. Die Evaluierung der Muttersprachentwicklung steht im Zentrum der Sprachdiagnostik (s. auch Eisenwort et al., 2018), sowie auch eine genaue Analyse der phonetischen Variation, um die lautlichen Äußerungen besser einordnen zu können.

Bereits 30 Prozent der Kinder in Kinderbetreuungseinrichtungen (42 % in altersgemischten Kinderbetreuungseinrichtungen) der Stadt Wien haben eine andere Sprache als Deutsch als Muttersprache (Statistik Austria, 2018). Dementsprechend stellen sie auch einen hohen Anteil der PatientInnen an Kliniken für Kinder- und Jugendheilkunde sowie Kinder- und Jugendpsychiatrie und den niedergelassenen FachärztInnen dar. Im Jahr 2018 wurde bei über 30 Prozent der stationär aufgenommenen Kinder an der Universitätsklinik für Kinder- und Jugendheilkunde eine andere Muttersprache als Deutsch verzeichnet (interne Kommunikation AKH). Besonders die Diagnostik von kinder- und jugendpsychiatrischen Störungen, die sowohl mit einer Prävalenz von 20 bis 30 Prozent zu den häufig auftretenden kindlichen Erkrankungen gehören (Lehmkuhl et al., 2009, u. a.) als auch eine hohe Komorbidität mit Sprachentwicklungsstörungen zeigen, ist durch die Kommunikationsbarriere deutlich erschwert.

Für mehrsprachig aufwachsende Kinder, die durch massive Defizite in der Bildungssprache Deutsch (L2) und möglicherweise auch Entwicklungsstörungen auffallen, gibt es seit 2012 eine Sprechstunde mit dem wichtigen Ziel, ihre Muttersprachentwicklung (L1) zu beurteilen. Sie ist integriert in die Ambulanz für Pädiatrische Psychosomatik der Universitätsklinik für Kinder- und Jugendheilkunde.

Sprechstunde für Sprachentwicklungsstörungen bei Mehrsprachigkeit

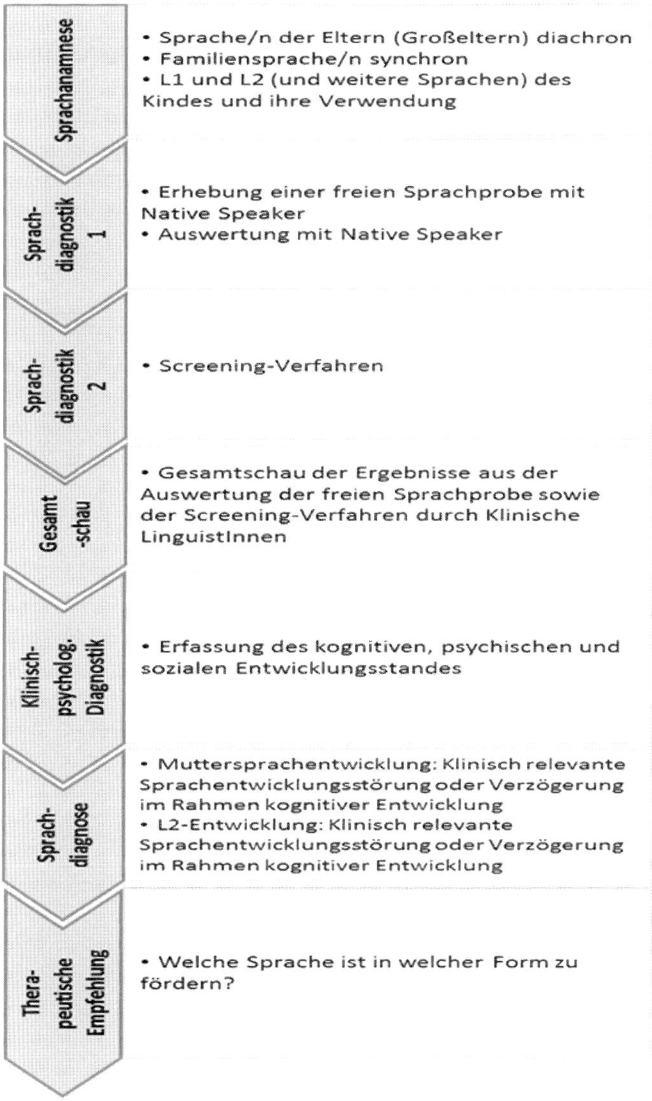

Abbildung 1: Das diagnostische Vorgehen. Für eine genaue Beschreibung des Ablaufes der Diagnostik siehe Eisenwort et al. (2018)

Die Sprechstunde findet an zwei Vormittagen pro Woche statt. Zuweiser sind KinderärztInnen, Kinder- und JugendpsychiaterInnen, Klinische PsychologInnen, LehrerInnen, KindergartenpädagogInnen und LogopädInnen. Auch besorgte Eltern kommen auf Eigeninitiative. Kinder im Alter von 2,5 Jahren bis 18 Jahren aus allen Sprachgemeinschaften können in Zusammenarbeit mit L1-SprecherInnen, die Studierende der Medizin[1)] sind, untersucht werden (Eisenwort 2019). Das genaue diagnostische Vorgehen ist in Abbildung 1 dargestellt.

Bei ungefähr der Hälfte (49 %) der in der Sprechstunde 2017 vorgestellten Kinder konnte durch die Untersuchungen eine im Rahmen der in der Migration gesprochenen Varietät unauffällige L1-Entwicklung gezeigt werden (wie in Abb. 2 zu sehen). Diese Kinder wurden mit der Verdachtsdiagnose Sprachentwicklungsstörung zugewiesen, weil sie zu geringe Kenntnisse in der L2 haben. Vielfältige Ursachen für einen verzögerten Erwerb der L2 sind in der Literatur beschrieben und reichen von sozioökonomischen Rahmenbedingungen bis zu geringer sprachlicher Lernanregung im Kindergarten und fehlenden L2-Kompetenzen in der Familie (Dubowy et al., 2008, Harr et al., 2018). Bedingt durch den Rahmen, in dem unsere Sprechstunde stattfindet, gibt es viele Zuweisungen von Kindern mit kinderpsychiatrischen Erkrankungen und Entwicklungsstörungen, bzw. müssen entsprechende Diagnosen nach einer umfassenden Diagnostik vergeben werden. Sie machen im Jahr 2017 25,5 Prozent aus. Weitere 25,5 Prozent der Kinder wurden mit F80 (umschriebene Entwicklungsstörungen des Sprechens und der Sprache nach ICD-

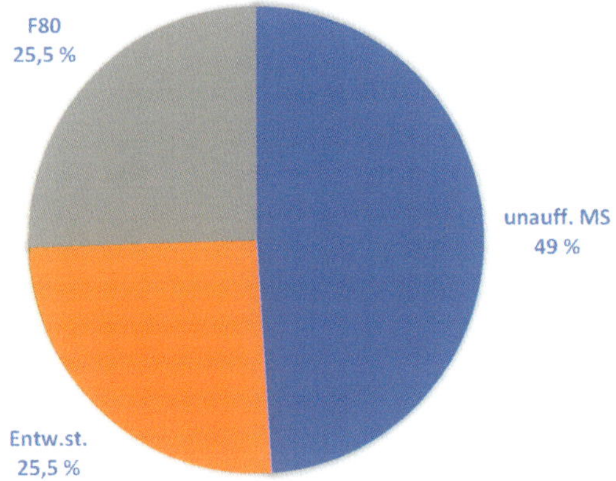

Abbildung 2: Ergebnisse der Untersuchungen bei Kindern mit Migrationshintergrund in der Sprechstunde im Jahr 2017 (Unauff. MS=unauffällige Muttersprachentwicklung, Entw.st.=Entwicklungsstörung, F80: ICD-10, F80)

10) aufgrund ihrer L1-Entwicklung diagnostiziert (vgl. Abb. 2). Diese hohe Rate im Vergleich zur durchschnittlichen Auftretenshäufigkeit von sechs bis acht Prozent (Amorosa, 2008) erklärt sich aus der Zuweisung von Kindern, die bereits durch mangelnde Kenntnisse in der L2 auffallen und deshalb die Verdachtsdiagnose Sprachentwicklungsstörung erhalten haben. Im Folgenden wird die Sprachdiagnostik bei einem Kind mit nicht näher bezeichneter Entwicklungsstörung vorgestellt.

FALLSTUDIE: BILINGUALER SPRACHERWERB IRAKISCH-ARABISCH UND DEUTSCH BEI NICHT NÄHER BEZEICHNETER TIEFGREIFENDER ENTWICKLUNGSSTÖRUNG ICD-10, F84.9

SPRACHANAMNESE

Allgemein

Fahad ist ein sechsjähriger Junge, der bei seinen Eltern und einer jüngeren Schwester lebt. Im Alter von zwei Jahren ist er mit seiner Mutter aus Bagdad nach Österreich migriert. Seit er vier Jahre alt ist, besucht er einen privaten Kindergarten in Wien. Er wächst sukzessiv mit Irakisch-Arabisch als L1 und Deutsch als L2 auf.

Zur Muttersprache

Mit mehr als 300 Millionen L1-SprecherInnen ist Arabisch eine der am meist verbreitetsten und am häufigsten gesprochenen Sprachen der Welt. Zusätzlich ist das gesprochene Arabisch auf allen Ebenen der Sprache stark variantenreich und wenig dokumentiert. Die Situation der arabischen Sprache im Irak sowie allen anderen arabischen Ländern ist eine Diglossie aus Hocharabisch als Amt- und Literatursprache und den gesprochenen Varietäten (Omar, 2010). Je weiter man sich von den Großstädten entfernt, desto weniger wird Hocharabisch im Alltag verwendet. Die arabischen Dialekte haben sich bereits im Altertum aus den altarabischen Varietäten entwickelt (Behnstedt und Woidich, 2005). Besonders zwischen den Varietäten der sogenannten Ansässigen und der Beduinen ist das gesprochene Arabisch innerhalb seines Verbreitungsgebietes heutzutage sehr heterogen (Jastrow, 2010).

Irakisches Arabisch bezieht sich meistens auf die in Bagdad gesprochene Varietät, da Bagdad die Hauptstadt und die meist bewohnte Stadt im Irak ist. Die bagdadische Variante wird zumeist als „Standard-Irakisch-Arabisch“ oder als „Prestige-Dialekt“ im Irak bezeichnet (Abu-Haidar, 2010).

Diachrone und synchrone Sprachumgebung

Fahads Vater migrierte bereits 2014 aus dem Irak nach Österreich, während seine Mutter ein Jahr später mit dem zweijährigen Jungen nachkam. Beide Eltern wuchsen einsprachig in Bagdad auf. Zuhause wird auch heute der bagdadische Dialekt des Irakisch-Arabischen gesprochen. Der Vater zeigt seit dem Kindesalter ein stark ausgeprägtes Stottern. Fahad hat bis zu seinem vierten Lebensjahr ausschließlich Irakisch-Arabisch gehört und gesprochen. In dem privaten Kindergarten, den Fahad seit seinem vierten Lebensjahr besucht, gibt es viele Kinder mit Migrationshintergrund und auch einige PädagogInnen, die keine L1-Sprecherinnen des Deutschen sind. Es wird jedoch im Kindergarten ausschließlich Deutsch gesprochen. Fahad wächst also sukzessiv bilingual mit Irakisch-Arabisch als L1 und Deutsch als L2 auf. Laut Vater spricht Fahad eine Fantasiesprache, von der die Familie nur wenige Wörter versteht. Die Kommunikation im Alltag wird durch Mimik und Gestik unterstützt. Bemerkenswert ist außerdem, dass Fahad einen inkonsistenten Blickkontakt zeigt. Die audiometrische Abklärung ergibt einen unauffälligen Befund. Fahad wird im Alter von sechs Jahren nach mehreren Fachbegutachtungen an die Sprechstunde für Sprachentwicklungsstörungen bei Mehrsprachigkeit zugewiesen.

Sprachdiagnostik 1

Mit einem L1-Sprecher, einem Studenten der Arabistik und aus dem gleichen Dialektraum (Bagdad) wie die Familie stammend, wurden mithilfe von Bilderbüchern (Wimmelbücher) zur Gesprächsanbahnung zwei freie Gesprächssituationen aufgezeichnet. Fahad nahm sofort Kontakt mit dem Gesprächspartner auf und interessierte sich sehr für die Wimmelbücher. Mit einem Abstand von einer Woche wurden zwei freie Sprachproben aufgenommen. Aus der zweiten freien Gesprächsprobe wurden die ersten zehn Minuten im Team analysiert. Zum Team gehörten der L1-Sprecher mit linguistischer Ausbildung, zwei PhonetikerInnen, davon einer mit Arabischkenntnissen, und eine klinische Linguistin.

Es wurde beispielhaft für die freie Redeprobe von Fahad eine Sequenz von einer Minute Dauer ausgewählt und für diese durch die beiden PhonetikerInnen eine phonetische Transkription in Praat (Boersma und Weening, 2019) durchgeführt (s. Abb. 3 für eine grobe Transkription einer Äußerung von sieben Sekunden Dauer und Abb. 4 für ein zweisekündiges Beispiel aus dieser Äußerung, mit genauerer Transkription und Annotationen auf verschiedenen Ebenen). Dabei wurde zum einen auf

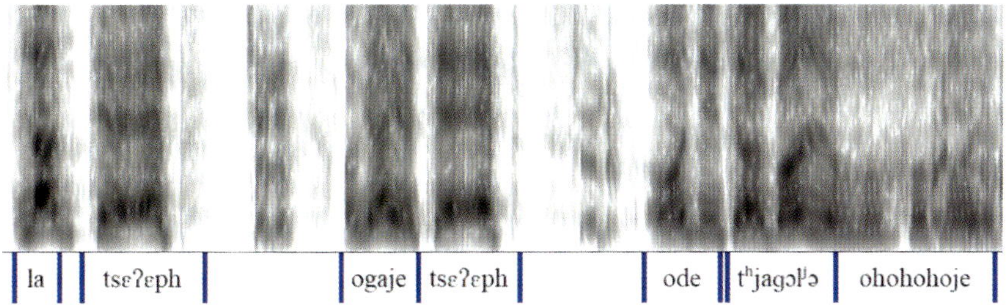

Abbildung 3: Sonagramm einer beispielhaften Äußerung Fahads (7 sec) mit phonetischer Transkription

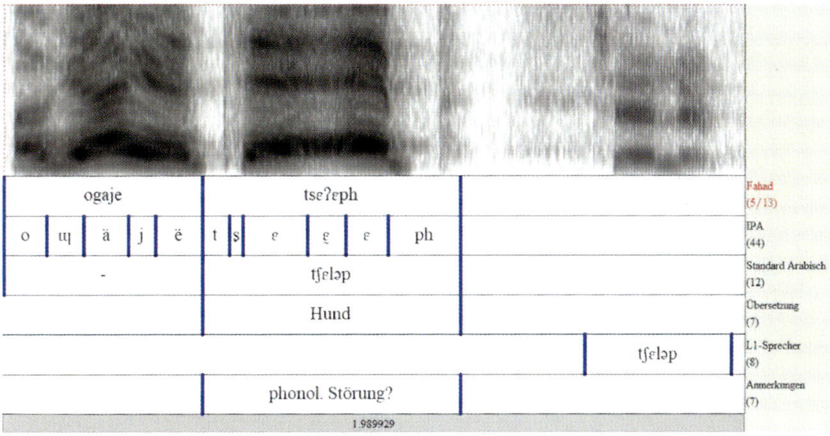

Abbildung 4: Spektrogramm und Annotationen eines Auschnittes (2 sec.) der in Abb. 3 dargestellten Äußerung. Oben das Sonagramm, darunter die verschiedenen Segment-Ebenen. Von oben nach unten: Alle lautlichen Äußerungen grob phonetisch transkribiert, Lautsegmente detailliert phonetisch transkribiert, Enstprechungen der Wörter in der Standardsprache, deutsche Übersetzung, Äußerungen des L1-Referenzsprechers, klinisch relevante Anmerkungen

die Beschreibung der arabischen Laute durch Thelwall und Sa'adeddin (1990) zurückgegriffen, zum anderen wurden auch die Daten eines Referenzsprechers aus demselben Dialektraum (des L1-Gesprächspartners) aufgezeichnet und verglichen. Mithilfe des L1-Sprechers wurden von allen lautlichen Äußerungen von Fahad diejenigen markiert, die sinnhaften Einheiten zugeordnet werden können. So ist in Abbildung 4 zu erkennen, dass der Lautfolge [oɰäjë] auf der IPA-Ebene keine sinnhafte arabische Einheit auf der Annotationsebene „Standard-Arabisch" zugeordnet werden konnte, der Lautfolge [tsɛɛ̰ɛph] hingegen das arabische Wort /tʃɛləp/, welches auf Deutsch *Hund* bedeutet. Diese Art der Annotation erlaubte es, einen Überblick über die lautlichen Äußerungen und deren sprachliche Einordnung (wie phonologische Prozesse) zu erhalten sowie darauf aufbauend in einem dritten Arbeitsschritt die Verständlichkeitsrate zu berechnen (wie sie in Tab. 1 zu sehen ist). Diese zeigt, dass nur 58 Prozent der Äußerungen von Fahad in einer freien Kommunikationssituation zu verstehen sind (24 % aller Äußerungen müssen allerdings kontextabhängig interpretiert werden, da sie nicht standardgemäß artikuliert werden), die restlichen 42 Prozent sind perzeptiv sinnfreie Äußerungen.

Tabelle 1: Verständlichkeitsrate: Prozentwerte für gut verständliche, interpretierbare und unverständliche Äußerungen

Dauer in Sek. (ohne Pausen)	Verständliche Äußerungen	Interpretierbare Äußerungen	Unverständliche Äußerungen
30	34 %	24 %	42 %

Sprachdiagnostik 2

Screeningverfahren

Für die Evaluierung des passiven Wortschatzes wurde eine Übersetzung des Peabody Picture Vocabulary Tests - 4 (PPVT-4) von einem/einer SprecherIn mit linguistischer Vorbildung aus demselben Dialektraum in das Irakisch-Arabische vorgenommen. Der PPVT-4 von Dunn und Dunn (2015) ist ein Testverfahren, mit dem der passive Wortschatz erfasst wird. Er besteht aus 228 Items, die sich jeweils aus einem gesprochenen Wort und vier farbigen Bildern zusammensetzen. Die Aufgabe der Testperson besteht darin, auf dasjenige Bild zu zeigen, das am besten zu dem von dem/der TestleiterIn gesprochenen Wort passt.

Bei diesem Screening erzielte Fahad einen Prozentrang von 2,9, verglichen mit den Normen bei monolingual Deutsch aufwachsenden, gleichaltrigen Kindern.

Zur Überprüfung der Leistungen beim Nachsprechen wurde aus dem Diagnostikbogen von Lauer und Janusch (2010), einem Instrument zur Erfassung der kindlichen Sprechapraxie, das Nachsprechen von Vokalen, Konsonanten und Silben des Deutschen eingesetzt.

Wie in Tabelle 2 zu sehen ist, zeigt das Ergebnis, dass Fahad Vokale motorisch korrekt und konsistent produzieren kann. Konsonanten spricht er zwar konsistent nach, zeigt jedoch noch einige wenige phonologische Veränderungsprozesse. Bei der Integration in die Silbe lässt Fahad geringfügig häufiger Veränderungsprozesse erkennen und auch die Konsistenz der Aussprache nimmt etwas ab. Auf der phonetisch-phonologischen

Tabelle 2: Ergebnisse der Nachsprech-Übungen (nach Lauer und Janusch, 2010), durchgeführt in der L2

Phonetisches Repertoire	Motorisch korrekt?	Konsistent?
Vokale	100 %	100 %
Konsonanten	85 %	100 %
Silben	76 %	88 %

Ebene sprechen die Abweichungen für eine phonologische Störung. Diese ist dadurch gekennzeichnet, dass Laute zwar einzeln adäquat produziert werden können, jedoch im Wort durch das Wirken multipler phonologischer Prozesse verändert realisiert werden.

Gesamtschau

Die Evaluierung des Sprachentwicklungsstandes zeigt, dass Fahad rezeptiv, gemessen durch das PPVT-4-Screening, und expressiv, gemessen mithilfe einer freien Sprachprobe, eine gestörte Muttersprachentwicklung aufweist, die vor allem durch ein eingeschränktes Sprachverständnis und durch das Inserieren sinnfreier Silben auffällt. Beim Nachsprechen deutscher Vokale und Konsonanten (Lauer und Janusch, 2010) ergeben sich Hinweise auf eine phonologische Störung.

Klinisch-psychologische Diagnostik

Tabelle 3: Ergebnisse der psychologischen Entwicklungsdiagnostik

Verfahren	Aufgabenstellung	Ergebnis
CPM	Nonverb. Intelligenz	PR=71 %
WET	Grobmotorik	C=5
WET	Feinmotorik	C=3
WET	Visumotorik/vis. Wahrnehmung	C=4
WET	Visuell-räuml. Merkfähigkeit	C=4
WET	Kogn. Entwicklung nonverbal	C=9

Legende: CPM: Ravens Coloured progressive Matrices, WET: Wiener Entwicklungstest, PR=Prozentrang, C=C-Wert

In einem ersten Schritt wurden Tests zur psychologischen Entwicklungsdiagnostik durchgeführt (s. Tab. 3). Zur Erfassung der nonverbalen Intelligenz wurde Ravens Coloured Progressive Matrices (CPM) von Raven (2003) mit Anweisung auf Arabisch durchgeführt. CPM ist ein Verfahren zur sprachfreien Erfassung der Intelligenz bei Kindern. Der Wiener Entwicklungstest (WET) von Deimann und Kastner-Koller (2012) wurde teilweise durchgeführt mit deutscher Anweisung. Der WET ist ein Verfahren zur Erfassung des allgemeinen Entwicklungsstandes bei Kindern von drei bis sechs Jahren.

Anschließend wurden zum Ausschluss/zur Bestätigung einer Autismusspektrum-Störung (ASS) zunächst der Fragebogen zur sozialen Kommunikation – Autismusscreening (FSK) von Bölte und Poustka (2006) vorgegeben. Er dient der Erfassung von abnormen sozialen Interaktions- und Kommunikationsmustern sowie stereotypen Verhaltensweisen im Vorfeld einer klinischen Diagnostik. Der FSK-Fragebogen Lebenszeit wurde dem Vater auf Arabisch und der FSK-Fragebogen Aktuell der Kindergärtnerin auf Deutsch vorgegeben. Da die Antworten aus dem FSK Fragebogen einen Verdacht auf ASS nicht ganz ausgeschlossen haben, wurden im Anschluss das Diagnostische Interview für Autismus, revidiert (ADI-R) von Bölte et al. (2006), und die Diagnostische Beobachtungsskala für autistische Störungen 2 (ADOS 2) von Poustka et al. (2015) durchgeführt. ADI-R ist ein standardisiertes und umfangreiches Befragungsinstrument zu Störungen des Autismusspektrums. ADOS 2 ist ein zuverlässiges und klinisch anschauliches Verfahren zur Abklärung und Klassifikation von qualitativen Auffälligkeiten der sozialen Interaktion und reziproken Kommunikation im Sinne des Autismus.

Die Ergebnisse der autismusspezifischen Verfahren (s. Tab. 4) weisen in der Zusammenschau auf ICD-10, F84.9, eine nicht näher bezeichnete Entwicklungsstörung, hin. Die Kriterien für die Diagnose eines frühkindlichen Autismus – insbesondere im Bereich der repetitiven, restriktiven und stereotypen Verhaltensweisen – treffen auf Fahad jedoch nicht zu.

Sprachdiagnose

Aufgrund der vorliegenden Ergebnisse der umfassenden Diagnostik wird die Sprachdiagnose Sprachentwicklung bei F84.9 vergeben.

Tabelle 4: Ergebnisse der autismusspezifischen Diagnostik

Verfahren und Skalen	Referenzwerte (Cut-offs)	Erreichte Werte
FSK Lebenszeit	Cut off (ASS) 15	12
FSK Aktuell	Cut off (ASS) 16	15
ADI-R	Cut off (A)	
Reziproke soziale Interaktion	10	7
Kommunikation	7	8
Repetitive restriktive stereotype Verhaltensweisen	3	0
Abnorme Entwicklung	1	3
ADOS-2	Cut off (ASS)	
Sozialer Affekt		7
Restriktive repetitive Verhaltensweisen		2
Gesamtwert	8	9

Legende: FSK = Fragebogen zur sozialen Kommunikation – Autismusscreening, ADI-R = Diagnostisches Interview für Autismus – Revidiert; ADOS-2 = Diagnostische Beobachtungsskala für Autistische Störungen

Therapeutische Empfehlung

Bezüglich der Sprachentwicklung wird neben logopädischer Therapie ein Deutschtraining empfohlen.

Erfahrungen in acht Einheiten Deutschtraining

Fahad ist vor dem Deutschtraining noch nicht mit der Linguistischen Sprachstandserhebung – Deutsch als Zweitsprache (Lise-Daz, s. Schultz und Tracy, 2011) testbar, weil seine rezeptiven und expressiven sprachlichen Fähigkeiten in der L2 noch zu wenig entwickelt sind. Lise-Daz ist ein Testverfahren mit sieben Subtests, in deren Rahmen sowohl rezeptiv als auch expressiv das sprachliche Wissen von Kindern erfasst wird. Neben Normen für Kinder mit Deutsch als Muttersprache gibt es auch Normen für Kinder mit Deutsch als Zweitsprache. Fahad zeigt geringe rezeptive Fähigkeiten, die ihn in Kombination mit der Beobachtung der anderen Kinder den Tagesablauf im Kindergarten verstehen lassen. Expressiv gibt es wenige verständliche deutsche Wörter.

Acht Einheiten Deutschtraining wurden über einen Zeitraum von zwei Monaten angeboten. Ziel war einerseits den deutschen Wortschatz aus dem Kindergartenalltag zu festigen und zu erweitern und andererseits Fahad auf dem Weg zu Zwei- und Dreiwortäußerungen zu unterstützen und dabei herauszufinden, ob er, analog zum Arabischen, sinnfreie Silben zwischen Wörtern inserieren wird. Als Trainingsmaterialen dienten Wimmelbücher, Memory und Bildkarten. Durchgeführt wurde das Training von einer Klinischen Linguistin in Ausbildung und unter Supervision.

In allen acht Sitzungen ergibt sich ein einheitliches Bild: Fahad hat Probleme beim Erlernen und Merken des passiven und aktiven Wortschatzes. Darüber hinaus zeigt er eine stark ausgeprägte phonetisch-phonologische Störung, die sich durch phonologische Prozesse wie die Reduktion von Konsonantengruppen oder die Substitution von Liquiden, wie sie auch beim unauffälligen Erwerb von Deutsch bei jüngeren Kindern beobachtbar sind, auszeichnet. Erste Dreiwortäußerungen kündigen den Lernfortschritt an. Es treten keine Inserierungen von sinnfreien Silben auf. Insgesamt kann Fahad von dem auf ihn fokussierten Einzeltraining Deutsch profitieren. Seine L2 könnte somit in Zukunft zur stärkeren Sprache werden.

Diskussion

Für die vorliegende Fallstudie wurde ein sukzessiv bilingual aufwachsendes Kind ausgewählt, mit besonders schwer abweichender Sprachentwicklung im Rahmen einer pervasiven Erkrankung. Chawarska und Volkmar (2005) nennen folgende Charakteristika der Kommunikation bei zwei- bis dreijährigen Kindern im Autismusspektrum: Abweichungen beim Blickkontakt, eingeschränkte soziale Bezugnahme und Teilen von Gefühlen, seltener gemeinsamer Aufmerksamkeitsfokus, inkonsistente Reaktion auf den eigenen Namen, wenig nonverbale Kommunikation, geringer Gebrauch konventioneller Gesten, eingeschränktes „So tun als ob"-Spiel, wenig motorische und lautsprachliche Imitation, wenig Interesse an Menschen und interaktiven Spielen, verspäteter Spracherwerbsbeginn und verzögerte Sprachentwicklung sowie unübliche Vokalisierungen. In der Literatur gibt es keine Hinweise dafür, dass eine bilinguale Erziehungsumgebung nachteilig für Kinder mit ASS sein könnte. Es wird vielmehr argumentiert, dass Eltern in ihrer Muttersprache authentischer kommunizieren und ihr Interaktionsstil dadurch sprachfördernder für ihre Kinder ist. Dadurch wäre erklärbar, dass in einigen Studien Kinder mit ASS aus bilingualen Familien mehr mimische und gestische Kommunikation anwenden als Kinder mit ASS aus monolingualen Familien (Valicenti-McDermott et al., 2013, Zhou et al., 2017). Das Erwerben der L2 könnte diesen „besser kommunikativ geschulten" Kindern dann auch leichter fallen. Fahad ist ein kognitiv durchschnittlich entwickeltes Kind, das einige Charakteristika der Kommunikation bei zwei- bis dreijährigen Kinder mit ASS im Alter von sechs Jahren zeigt: sein Blickkontakt ist inkonsistent, seine Sprachentwicklung ist stark verzögert und er zeigt unübliche Vokalisierungen im Sinne von Inserieren von sinnfreien Silben zwischen Wörtern. Trotzdem profitiert er von einem Deutschtraining und ist auf dem Weg zu Mehrwortsätzen ohne Inserierung sinnfreier Silben. Der Umstand, dass Fahad bis zu seinem fünften Lebensjahr einsprachig Arabisch aufgewachsen ist und Arabisch als seine stärkere Sprache bezeichnet werden kann, bedeutet für die Sprachanalyse und -diagnostik ein mehrstufiges Vorgehen. Eine freie Sprachprobe kann nur unter Mitarbeit von einem Native Speaker aus demselben Dialektraum phonetisch transkribiert und analysiert werden, besonders, aber nicht ausschließlich im Arabischen, da die Dialekte des Arabischen so variantenreich in ihrem Vokal- und Konsonantensystem sind, dass das Erkennen von inserierten sinnfreien Silben und ihren Grenzen zu Wörtern sonst nicht gewährleistet werden kann. Die linguistische Erforschung von sprachlicher (besonders phonetischer) Variation ist eine wichtige Voraussetzung, um in der Sprachpathologie sinnfreie Silben, die Fantasiesprache charakterisieren, von sinnhaften Einheiten (wie Morphemen oder Wörtern) zu unterscheiden. Während so beispielsweise für das österreichische Deutsch bereits wichtige Arbeiten vorliegen, die besonders auf die Arbeitsgruppe um Sylvia Moosmüller und andere zurückgehen (s. o.), gibt es weniger vergleichbare Studien zum Arabischen oder zur Sprache der MigrantInnen erster und zweiter Generation. Ein grundlegendes Verständnis für Variation, das durch die Forschungen von Sylvia Moosmüller bei LeserInnen geweckt worden ist, lässt die begrenzte Aussagekraft normierter Testverfahren zur Sprachdiagnostik besonders bei mehrsprachig aufwachsenden Kindern verstehen und fördert die Vorsicht bei der Beurteilung des Sprachentwicklungsstandes von Kindern, die mit Minoritätensprachen aufwachsen.[4]

BIBLIOGRAFIE

Abu-Haidar, Farida (2010). Baghdad Arabic. In: Lutz Edzard und Rudolf de Jong (Hrsg.), *Encyclopedia of Arabic Language and Linguistics*. Abgerufen unter: Encyclopedia of Arabic Language and Linguistics — Brill (brillonline.com) [03.08.2021].

[4] Im Medizincurriculum der Medizinischen Universität haben ungefähr 15 bis 20 Prozent der Studierenden eine andere Muttersprache als Deutsch. Mit Beginn des zweiten Studienjahres gibt es eine Wahl- und eine Pflichtlehrveranstaltungen zum Thema mehrsprachiges Aufwachsen und Sprachentwicklungsstörungen. Interessierte Studierende mit nichtdeutscher Muttersprache melden sich häufig schon im zweiten Studienjahr zur Mitarbeit als Native Speaker in unserer Sprechstunde an und bekommen dann ein spezielles Training abhängig von der Sprache und den in der betreffenden Sprache zur Verfügung stehenden Screeningverfahren.

Amorosa, Hedwig (2008). Umschriebene Entwicklungsstörungen der Sprache. In: Beate Herpertz-Dahlmann, Franz Resch, Michael Schulte-Markwort und Andreas Warnke (Hrsg.). *Entwicklungspsychiatrie*, 670–589.

Barbu, Stéphanie, Nardy, Aurélie., Chevrot, Jean- Pierre, Guellaï, Bahia, Glas, Ludivine, Juhel, Jacques, und Lemasson, Alban (2015). Sex Differences in Language Across Early Childhood: Family Socioeconomic Status does not Impact Boys and Girls Equally. *Frontiers in psychology 6, 1874.*

Behnstedt, Peter und Woidich, Manfred (2005). Arabische Dialektgeographie. Leiden: Brill.

Boersma, Paul, und Weenink, David (2018). *Praat: doing phonetics by computer* [Computer program]. Version 6.0.37. Abgerufen unter: http://www.praat.org/

Bourdieu, Pierre (1991). *Language and symbolic power*. Cambridge: Polity Press.

Bourdieu, Pierre und Boltanski, Luc (1975). Le fetichisme de la langue. *Actes de la recherche en sciences sociales* 4, 2–32.

Bölte, Sven, und Poustka, Fritz (2006). *FSK. Fragebogen zur sozialen Kommunikation – Autismusscreening. Dt. Fassung des Social Communication Questionnaire (SCQ) von Michael Rutter, Anthony Bailey und Catherine Lord.* Göttingen: Hogrefe.

Bölte, Sven, Poustka, Fritz, Rühl, Dorothea, und Schmötzer, Gabriele (2006). *ADI-R. Diagnostisches Interview für Autismus-revidiert. Dt. Fassung des Autism Diagnostic Interview-revised von Michael Rutter, Ann Le Couteur, und Catherine Lord.* Göttingen: Hogrefe.

Chawarska, Katarzyna, und Volkmar, Fred, R. (2005). Autism in infancy and early childhood. In: Fred R. Volkmar, Rhea Paul, Ami Klin, und Donald Cohen (Hrsg.), *Handbook of Autism and Pervasive Developmental Disorder: Diagnosis, Development, Neurobiology and Behaviour*, 3. Auflage, Hoboken, New Jersey: Wiley, 223–246.

Deimann, Pia, und Kastner-Koller, Ursula (2012). *Der Wiener Entwicklungstest. Ein Verfahren zur Erfassung des allgemeinen Entwicklungsstandes bei Kindern von 3 bis 6 Jahren*. Göttingen: Hogrefe.

Dubowy, Minja, Ebert, Susanne, Maurice, Jutta v., und Weinert, Sabine (2008). Sprachlich-kognitive Kompetenzen beim Eintritt in den Kindergarten: Ein Vergleich von Kindern mit und ohne Migrationshintergrund. *Zeitschrift für Entwicklungspsychologie und Pädagogische Psychologie* 40(3), 124–134.

Dunn, Loyd. M., und Dunn, Douglas M. (2015). *PPVT-4. Peabody Picture Vocabulary Test. Deutsche Bearbeitung: Alexandra Lenhard, W. Lenhard, R. Segerer, S. Suggate.* Göttingen: Hogrefe.

Eckert, Penelope, und Mcconnell-Ginet, Sally (1999). New generalizations and explanations in language and gender research. *Language in Society* 28, 185–201.

Eisenwort, Brigitte, Felnhofer, Anna, und Klier, Claudia (2018). Mehrsprachiges Aufwachsen und Sprach-entwicklungsstörungen. Eine Übersichtsarbeit. *Zeitschrift für Kinder- und Jugendpsychiatrie und Psychotherapie* 46 (6), 488–496.

Eisenwort, Brigitte (2019). Sprechstunde für Kinder mit Verdacht auf Sprachentwicklungsstörungen. Abgerufen unter: http://kinderklinik.meduniwien.ac.at/fileadmin/kinderklinik/psychosomatik/Sprechstunde_Sprachentwicklungsst% C3% B6rungen.pdf [4.7.2019].

Eisenwort, Brigitte, Schmid, Carolin, Tilis, Maksim, Tsoy, Dmitrij, Diendorfer-Radner, Gabriela, Sedlaczek, Annika und Klier Claudia (2020). Important aspects in the assessment of bilingual children with suspected language impairment: The Vienna Model [published online ahead of print, 2020 Oct 13]. *Neuropsychiatr.* 2020;10.1007/s40211-020-00361-x.

Flege, James Emil (2007). Language contact in bilingualism: Phonetic system interactions. *Laboratory Phonology* 9, 353–381.

Harr, Anne-Katharina, Liedke, Martina, und Riehl, Claudia Maria (2018). *Deutsch als Zweitsprache. Migration-Spracherwerb-Unterricht.* Stuttgart: J. B. Metzler.

Giddan, Jane J., Milling, Leonard, und Campbell, Nancy B. (1996). Unrecognized language and speech deficits in
preadolescent psychiatric inpatients. *American Journal of Orthopsychiatry* 66, 85-92.

Jastrow, Otto (2010). Iraq. In: Lutz Edzard und Rudolf de Jong (Hrsg.), *Encyclopedia of Arabic Language and Linguistics.* Abgerufen unter: Encyclopedia of Arabic Language and Linguistics — Brill (brillonline.com) [03.08.2021].

Kjellmer, Lieselotte, Fernell, Elisabeth, Gillberg, Christopher, und Norrelgen, Fritjof (2018). Speech and language profiles in 4-to 6- year-old-children with early diagnosis of autism spectrum disorder without intellectual disability. *Neuropsychiatric Disease and Treatment* 14, 2415-2427.

Klingler, Nicola, Moosmüller Sylvia, und Scheutz, Hannes (2017). Vowel and Consonant Sequences in three Bavarian Dialects of Austria, in: *Proceedings Interspeech 2017, Stockholm*, 2983–2987.

Labov, William (1990). The intersection of sex and social class in the course of linguistic change. *Language Variation and Change* 2, 205-254.

Ladegaard, Hans, und Bleses, Dorthe (2003). Gender Differences in Young Children's Speech: The Acquisition of Sociolinguistic Competence. *International Journal of Applied Linguistics* 13, 222–233.

Lauer, Norina, und Birner-Janusch, Beate (2010). *Sprechapraxie im Kinder- und Erwachsenenalter*. Stuttgart: Thieme Verlag.

Lozo, Carina, und Pucher, Michael (2019). Projekt: Die Stimme der jungen Wienerin – eine experimental-phonetische Longitudinalstudie zur Stimmqualität von jungen Wienerinnen.

Moosmüller, Sylvia (1987). Soziale Perzeption der Grundfrequenz und des Tonhöhenverlaufs bei Frauen und Männern. *Klagenfurter Beiträge zur Sprachwissenschaft 13-14*, 411–432.

Moosmüller, Sylvia (1991). *Hochsprache und Dialekt in Österreich. Soziophonologische Untersuchungen zu ihrer Abgrenzung in Wien, Graz, Salzburg und Innsbruck.* Wien: Böhlau Verlag.

Moosmüller, Sylvia (1999). Frauenstimmen im dynamischen Prozeß der Interaktion. In: Johanna Hofbauer, Ursula Doleschal, und Ludmila Damjanova (Hrsg.), *Sosein – und anders. Geschlecht, Sprache und Identität, Frauen, Forschung und Wirtschaft* 9. Frankfurt/Main: Lang, 77–93.

Moosmüller, Sylvia, und Granser, Theodor (2003). The Vowels of Standard Albanian. *Proceedings of the 15th International Congress of Phonetic Sciences. Barcelona*, 659–662.

Moosmüller, Sylvia, und Granser, Theodor (2006). The spread of Standard Albanian: An illustration based on an analysis of vowels. *Language Variation and Change* 18 (2), 121–140.

Moosmüller, Sylvia, und Vollmann, Ralf (1994). Dialekt- und Hochsprachevariation bei Kleinkindern: Phonologie. In: Harald Burger, und Annelies Häcki Buhofer (Hrsg.), Spracherwerb im Spannungsfeld von Dialekt und Hochsprache. Bern: Peter Lang, 109-128.

Scheutz, Hannes (2013). Der Vokalismus in den Stadtdialekten von Salzburg und Wien zwischen Monophthongierung und E-Verwirrung: Eine phonetische Studie. In: Rüdiger Harnisch (Hrsg.), *Strömungen in der Entwicklung der Dialekte und Ihrer Erforschung. Beiträge zur 11. Bayerisch-österreichischen Dialektologentagung, Passau,* 83–89.

Moosmüller, Sylvia, Schmid, Carolin, und Brandstätter, Julia (2015). Standard Austrian German. *Journal of the International Phonetic Association* 45, 339-348.

Moosmüller, Sylvia, Schmid, Carolin, und Kasess, Christian H. (2016). Alveolar and Velarized Laterals in Albanian and in the Viennese Dialect. *Language and Speech* 59, 488–514.

Omar, Naima Boussofara (2010). Diglossia. In: Lutz Edzard, und Rudolf de Jong (Hrsg.), Encyclopedia of Arabic Language and Linguistics. Abgerufen unter: Encyclopedia of Arabic Language and Linguistics — Brill (brillonline.com) [03.08.2021].

Plumb, Allison M., und Wetherby, Amy M. (2013). Vocalization development in toddlers with autism spectrum disorder. *J Speech Lang Hear Res* 56 (2), 721–733.

Poustka, Luise, Rühl, Dorothea, Feineis-Matthews, Sabine, Poustka, Fritz, Hartung, Martin, und Bölte, Sven (2015). *ADOS-2. Diagnostische Beobachtungsskala für autistische Störungen.* 2. Deutschsprachige Fassung der Autism Diagnostic Observation Schedule-2 von C. Lord, M. Rutter, P.C. DiLavore, S. Risi, K. Gotham, S.L. Bishop (Module 1-4) und C. Lord, R.J. Luyster,K. Gotham, W. Guthrie (Kleinkind-Modul).

Raven, John (2003). Raven progressive matrices. In: R. Steve McCallum (Hrsg.), *Handbook of nonverbal assessment.* Boston, MA: Springer, 223–237.

Schmid, Carolin, Moosmüller, Sylvia, und Kasess, Christian (2015). Sociophonetics of the velarized lateral in the Viennese dialect. *Proceedings of the 18th International Congress of Phonetic Sciences, Glasgow.*

Schoen, Elizabeth, Paul, Rhea, und Chawarska, Katyrzyna (2011). Phonology and vocal behaviour in toddlers with autism spectrum disorders. *Autism Res* 4 (3), 177–188.

Schulz, Petra, und Tracy, Rosemarie (2011). *Linguistische Sprachstandserhebung – Deutsch als Zweitsprache.* Göttingen: Hogrefe.

Sharwood-Smith, Michael (1983). Crosslinguistic aspects of second language acquisition. *Applied Linguistics* 4, 192–199.

Statistik Austria (2018). *Migration & Integration. Zahlen, Daten, Indikatoren 2018.* Kommission für Migrations- und Integrationsforschung der Österreichischen Akademie der Wissenschaft, Wien.

Thelwall, Robin, und Sa'adeddin, Akram M. (1990). Illustrations of the IPA: Arabic. *Journal of the International Phonetic Association* 20, 37–39.

Valicenti-McDermott, Maria D., Tarshis, Nancy, Schouls, Melissa, Galdston, Molly, Hottinger, Kathryn, Seijo, Rosa, Shulman, Lisa H., und Shinnar, Shlomo (2013). Language differences between monolingual English and bilingual English-Spanish young children with autism spectrum disorders. *J Child Neurol* 28, 945-8.

Zhou, Vanessa, Munson, Jeffrey A., Greenson, Jessica, Hou,Yan, Rogers, Sally und Estes, Annette M. (2019).

An exploratory longitudinal study of social and language outcomes in children with autism in bilingual home environments. *Autism* 23, 394–404.

Phonetic analysis of dialect/standard transitions synthesized by model-based interpolation

MICHAEL PUCHER[1]
SYLVIA MOOSMÜLLER (†)[1]

Abstract. Transitions between regional standard varieties of Austrian German and dialect varieties can be synthesized by means of an interpolation function based on Hidden Markov Models that allows for the generation of intermediate varieties. Hidden Markov Models of language varieties can be automatically interpolated on a sub-phonemic state level to generate speech of intermediate varieties. The interactions between regional standard varieties of Austrian German and dialects can be represented as phonological processes or input-switch-rules. Phonological processes are gradual and phonetically motivated; input-switch-rules show a different historical development for each variety and have no synchronic phonetic relation. In this contribution, we analyse a representative sample of such synthesized dialect/standard interactions for four speakers of the Austrian dialect of Innervillgraten and the transitions to regional Standard Austrian German. We show that the synthesizer produces input-switch-rules and phonological processes at the formant level by using a linear interpolation at the Mel-cepstral feature level and explain why this happens. A statistical analysis of formant differences is provided that clearly differentiates between input-switch-rules and phonological processes. This result supports the two-competence-model, which assumes that speakers of Austrian German hold both a competence in Standard Austrian German and in a specific dialect.

INTRODUCTION

This paper deals with the interpolation of synthesized language varieties, or, more specifically, with the interpolation between the synthesis of a standard language and the synthesis of a dialect and, on that basis, elaborates the specific relationship between these two language varieties by discussing the outputs of the interpolation steps. In interpolating between the two language varieties, it turned out, to our surprise, that the interpolation algorithm produced different states of qualitatively different variables and thus corroborated the two-competence model developed by Dressler and colleagues (Dressler and Wodak, 1982; Dressler et al., 1989). The two-competence model, in the interaction of two language varieties, differentiates between alternations of phonological variables that

[1] Acoustics Research Institute, Austrian Academy of Sciences

lack a phonetic relationship and alternations that hold such a relation by showing a phonetic motivation and intermediate steps in the processing from one variable to the other.

The former are dubbed input-switch-rules; the latter refer to phonological processes. Most interestingly, in the interpolation between alternations that lack a phonetic motivation, jumps occur in the interpolation states, whereas interpolating phonological processes gives rise to continuous intermediate states. Before providing details about the two-competence model, which is an excellent tool for analysing (socio)phonological variation, since it includes a phonological explanation for the application of (socio)phonological variables, we will provide an overview of speech synthesis technology.

Using flexible state-of-the-art statistical parametric speech synthesis technology based on Hidden Markov Models (HMMs) we synthesized the above-mentioned alternations and processes through the use of model interpolation as already shown in Toman et al. (2015) and Pucher et al. (2010b). Dialect interpolation can be performed at a phonemic (Pucher et al., 2010b) or sub-phonemic state level (Toman et al., 2015). Interpolation of speaker models has been applied for speaker identity (Yoshimura et al., 1997), emotional speech (Tachibana et al., 2005), speaking rate (Pucher et al., 2010a), dialect (Pucher et al., 2010b; Toman et al., 2015), and accent (Astrinaki et al., 2013).

In the context of speaker identity we interpolate between two synthetic voices of different speakers, speaker 1 and speaker 2. Interpolation then allows for a gradual transition from speaker 1 to speaker 2. With emotional speech, one can interpolate between different emotional states of a specific speaker to realize a gradual transition. For dialect or accent interpolation, we also use data from one speaker in standard and dialect/accent and the interpolation occurs between standard and dialect/accent. In addition, adaptive approaches have received much attention in speech synthesis (Tamura et al., 1998, 2001; Yamagishi et al., 2004; Isogai et al., 2005; Yamagishi et al., 2006; Yamagishi and Kobayashi, 2007; King et al., 2008; Yamagishi et al., 2009) mainly due to the rise of statistical parametric speech synthesis (Zen et al., 2004). Adaptive modelling has been applied to the speaker (Yamagishi and Kobayashi, 2007), emotion (Qin et al., 2006), accent (Wester and Karhila, 2011; Karhila and Wester, 2011), dialect (Pucher et al., 2010b), type of articulation (Picart et al., 2014), and dysarthric speech (Veaux et al., 2012). The flexibility of HMM-based synthesis also allows for the integration of articulatory features (Ling et al., 2009) and the control of the acoustic model by articulatory features

(Ling et al., 2008), formant features (Lei et al., 2011), or visual features (Hollenstein et al., 2013).

This shows the wide range of applications of HMM-based speech synthesis. The interpolation algorithm used in this paper was first reported in Toman et al. (2015), where we also performed listening tests with interpolated samples for several dialects to showcase the method's possibility to generate intermediate language varieties in an unsupervised way. In that paper, we did not further analyse the interpolated samples and no statistical analysis of formant changes during interpolation was reported. We also used three dialects with one speaker each, which did not allow for an analysis of speaker similarities within a dialect.

In the current paper, which focuses on one dialect, we aim to show how the interpolation algorithm is able to automatically generate input-switch-rules as well as phonological processes, and how this supports the two-competence model.

THE TWO-COMPETENCE MODEL AND INTERPOLATION

The results of our work entail two important theoretical implications. From the interpolation perspective, the results show not only how linear interpolation deals with 'holes' containing no information in the case of an input-switch-rule, but also, that linear interpolation can deal with such 'either – or' forms. This shows the flexibility of the unsupervised interpolation algorithm that can deal with complex phenomena through a simple linear interpolation on the model level. With this, we can model input-switch-rules and phonological processes using the same unsupervised interpolation method, which shows the flexibility of the HMM-based synthesis paradigm.

From a sociolinguistic perspective, we were able to corroborate the two-competence model by demonstrating that (socio)phonological variation, the dialect-standard-interaction in our case, is not necessarily linear. On the one hand, linear interpolation reacts to qualitative differences of phonological variables and produces a jump for e.g., an /ʊ/ ↔ /i/ alternation, which shows no intermediate steps in real speech behaviour and on the other hand, generates continuous transitions for a change from [ɔ] → [ɔ ʊ], analogous to real speech behaviour. Since linear interpolation produces different outputs for phonetically similar inputs, this shows that there is a qualitative difference between a standard-dialect input-switch-rule, e.g., /ɑ/ ↔ /ɔ/ and an alternation which changes a vowel in a specific phonetic context, such as, e.g., [ɐ] → [ɔ]. We chose this example, because it shows that the output of the input-switch-rule /ɑ/ ↔ /ɔ/ and the output of the phonological process [ɐ] → [ɔ] differ. The former contains jumps and the latter has continuous steps, although both alternations involve similar vowel qualities.

We propose a computational model for a speaker with competence in a standard and a dialect variety, that is trained on speaker data from both varieties and uses interpolation for phonological processes and input-switch-rules. We show that this model is able to simulate phonological processes and input-switch-rules and thus can support the two-competence model in linguistics.

The possibility of a computational model using only data from two speaker varieties is a necessary condition for the two-competence model and thus supports it. This means that if it were not possible to develop such a computational model then the two-competence model would be false. Our computational model is however not equivalent to the two-competence model, i.e. the truth of the two-competence model does not follow from the existence of such a computational model. The fact that such equivalences are hard to establish is a general problem of the comparison between computational models and linguistically motivated models or theories. What we show in this paper is that our computational model fulfils certain adequacy conditions for being a computational model of a two-competence speaker.

1. The model is adequate since it is only based on data from two varieties (i.e. competences) per speaker,
2. and it produces input-switch-rules and phonological processes on the formant level.

Previously we have already shown that the model produces perceptually sensible results in terms of dialect authenticity (Toman et al., 2015), which is also part of its adequacy.

Furthermore the process of dialect levelling can also be analysed within our model. When we interpolate between a standard and a dialect and increase the weight of the standard variety, the input-switch-rule will be applied, which will result in the standard pronunciation. For the phonological process a gradual transition between standard and dialect will take place, gearing the interpolated variety towards the standard. The resulting interpolated variety will exhibit some dialect features from the phonological processes while avoiding the marked dialect features (Auer, 2017) that are realized as input-switch-rules.

ANALYSIS OF INTERPOLATION ON THE SPECTRAL LEVEL

In this section we analyse the interpolation on the spectral envelope level, for spectra that are generated from the interpolated Mel-cepstral (MCEP) features, which is an intermediate step in the synthesis process using our HMM-based synthesis system. MCEP features allow for a low-dimensional representation of the spectral information and also have an auditory weighting that accounts for spectral perception by humans. We will restrict this analysis to one input-switch-rule of a female speaker and one phonological process of a male speaker. In Section VI, a phonetic analysis on the formant level is performed for all speakers and samples from Table 2. The spectral analysis is done at the level of individual processes within a word; the interpolation itself is, however, performed on the level of whole utterances because the speech synthesis is done on the utterance level. Through the automatic alignment of utterances with Dynamic Time Warping, words and phones are aligned automatically. We are analysing features from HMM states where the respective phones are mapped onto each other. Since the used HMMs do not allow for state skipping, the interpolated durations will generate a positive number of feature frames n for each state ($n \geq 1$).

INPUT-SWITCH-RULE (SPEAKER C)

Figure 1 shows the spectra generated from the MCEP features over time for the Regional Standard Austrian German (RSAG) to Innervillgraten (IVG) interpolation from /ʊ/ to /iː/ in unser 'our' ([ʊnsɐ] ↔ [iːnsɔ]). This example was synthesized with a female voice. In this case all five /ʊ/-states are mapped onto the five /iː/-states, which is, however, not necessarily so for all outcomes of the interpolation algorithm, since the algorithm can also deal with sequences having a different number of phones and thereby a different number of states.

The interpolation with our algorithm is without any direction, which means that interpolation from standard to dialect is the same as interpolation from dialect to standard. From the interpolation point of view, a process like r-vocalization, for example, can be described as the realization of a vowel with subsequent vocalization of the trill, or the undoing of r-vocalization with the production of a trill. As can be seen in Figure 1, the number of generated frames differs between the interpolated versions, which is a result of the duration interpolation on the state level with 15 frames for interpolation rate 0.0 (RSAG) and 23 frames for 1.0 with

5ms frame length (IVG dialect). Concerning the differences in phone durations, it should be kept in mind that the state durations are generated from a contextually clustered statistical model, i.e. are an average over multiple phones in a similar context. In Figure 1 we can see the switching process with the raising of F2 from around 1000 Hz to above 2000 Hz. We use this type of visualization instead of a spectrogram since we can directly see the spectral envelope that results from the synthesis system before the waveform is generated, instead of the Discrete Fourier Transform spectrum of a windowed speech waveform over time.

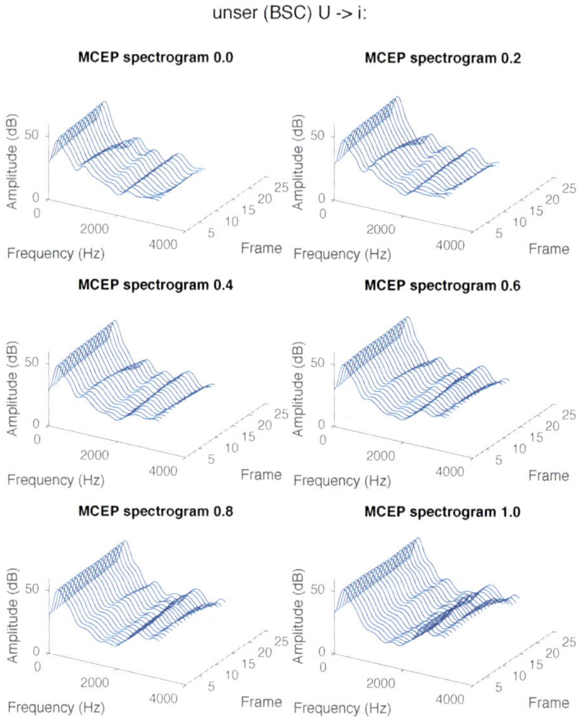

Figure 1: Interpolated MCEP spectrogram for RSAG to IVG interpolation of the input-switch-rule from /ʊ/ to / i/ in the word unser 'our'.

PHONOLOGICAL PROCESS (SPEAKER A)

The following example ([vɔxə] ↔ [vɔʊxɛ]) was synthesized with the male Speaker A voice. Figure 2 shows again the spectra generated from the MCEP features over time for the RSAG to Innervillgraten dialect (IVG) interpolation from /ɔ/ to /ɔʊ/ in Woche. For this case, too, all five /ɔ/-states from RSAG are mapped onto the five /ɔʊ/-states from IVG. As can be seen in Figure 2, the number of generated frames differs between the interpolated versions for this case as well, with the dialect phone being longer than the standard one with 18 frames for interpolation rate 0.0 (RSAG) and 25 frames for 1.0 (IVG dialect). The reason for this difference lies in the diphthongization process from RSAG to IVG. In this phonological process, a diphthong has to be produced in the dialect. This is done by a stepwise raise of F2 in about the first third of the diphthong as shown in Figure 2.

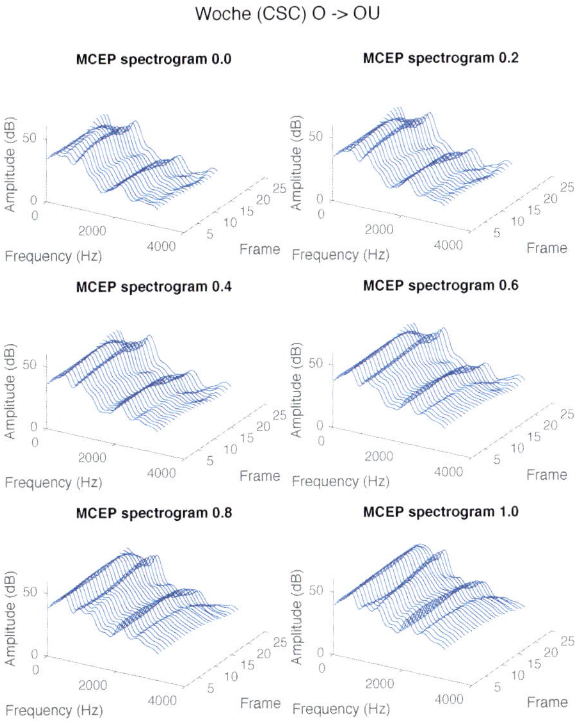

Figure 2: Interpolated MCEP spectrogram for RSAG to IVG interpolation of the phonological process /ɔ/ to /ɔʊ/ in the word Woche 'week'

EXPLANATION OF SWITCHING AND PHONOLOGICAL PROCESS BEHAVIOR

The different behaviour for input-switch-rules and phonological processes can be explained by the behaviour of the interpolation of cepstral parameters. If we re-synthesize the spectrum from interpolated cepstral parameters as defined in Equation 1,

$$h(n) = IDFT\left(exp\left(DFT(\lambda c_1(n) + (1-\lambda)c_2(n))\right)\right) \quad (1)$$

with λ being the interpolation control parameter and $c_1(n)$ and $c_2(n)$ being two cepstra, the spectra behave differently depending on the distance between the peaks. DFT and IDFT denote the Discrete Fourier Transform and the Inverse Discrete Fourier Transform respectively (Oppenheim and Schafer, 1999).

Figure 3 shows spectra μ generated from interpolated cepstral parameters. The first two rows show interpolations with spectra having a peak at

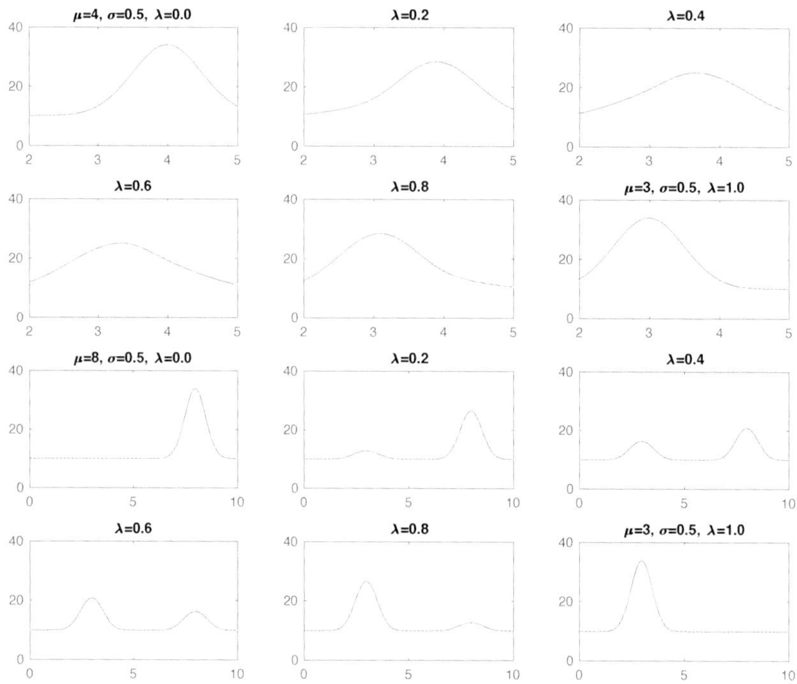

Figure 3: Re-synthesis of interpolated cepstrum parameters for spectrum with μ= 4 and μ= 3 (first and second rows) and μ= 8 and μ= 3 (third and fourth rows).

4 ($\lambda=0$) and at 3 ($\lambda=1$). In this case, the interpolation generates a gradual change from one peak to the other. Rows three and four show two spectra with peaks that are further apart. In this case the spectra generated from interpolated cepstral parameters generate the switching behaviour. While one peak is lowered, the other increases with the switching taking place between 0.4 and 0.6 where the height of the peaks change order. This behaviour can explain the switching and gradual transitions on the model interpolation, i.e. the speech production on the acoustic level. The gradual transition versus switching behaviour depends on the distance between the two peaks as well as on the variance of the peaks.

PHONETIC ANALYSIS OF INTERPOLATED SPEECH SAMPLES

In this section, we will present the phonetic analysis of two input-switch-rules and of two phonological processes from the RSAG input to the dialect output. The formant analysis in this section was based on formants extracted from the synthesized speech samples with the formant tracker from STx (Noll et al., 2007), which uses linear prediction coefficient (LPC)-based features. While the analysis in the previous section was based directly on the spectral envelope that was generated by the synthesizer, the following section uses formants extracted from the synthesis results.

INPUT-SWITCH-RULE 1

/ʊ/ ↔ /i/: In order to describe the interpolation steps of the input-switch-rule /ʊ/ ↔ /i/, we chose the word *unser* 'our' as an example. The input-switch-rule /ʊ/ ↔ /i/ involves a dramatic change in especially F2, which demands a raise of approximately 1000 Hz. F3 is raised for the vowel /i/ while for F1, no changes are expected.

The dramatic jumps in F2 are clearly visible in Figure 4. F2 of the female speakers C and D is low (below 1200 Hz) in steps 0.0, 0.2, and 0.4, and suddenly raised to > 2000 Hz in steps 0.6, 0.8, and 1.0. As already explained in Figure 3, the amplitude of one peak is lowered, while the amplitude of the other is raised in cases where peaks are far apart. This lowering and raising of the amplitude is very clearly visible in the interpolation of speakers A and B, but also holds for the female speakers, see Figure 4. For all speakers, two formant candidates are visible in step 0.4. In the first part of the vowel, the amplitude of the formant exceeding 2000 Hz is higher, whilst in the second part, the higher amplitude is visible in

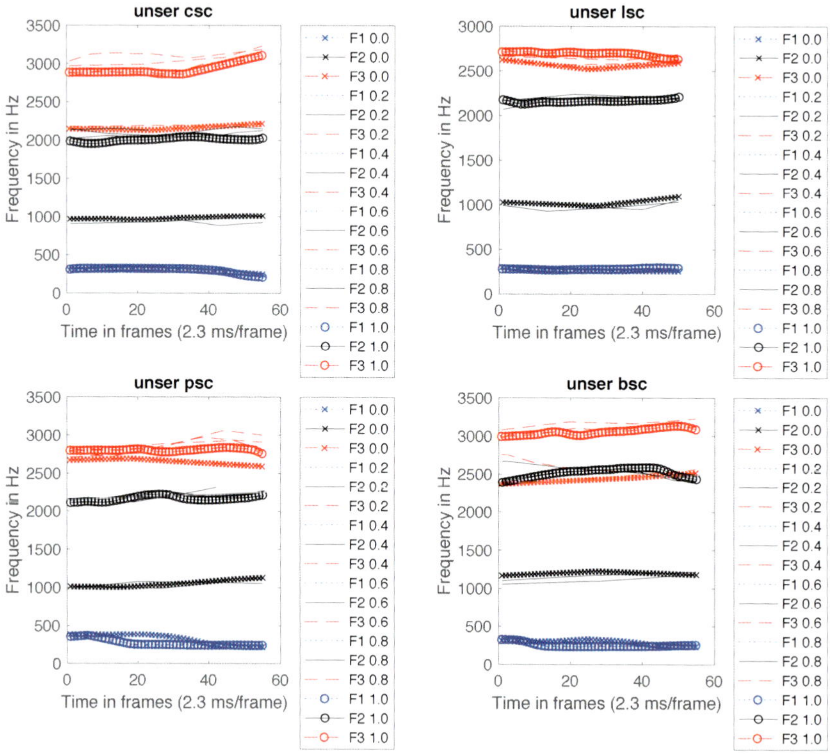

Figure 4: Formants F1-F3 for RSAG to IVG interpolation of the input-switch-rule from /ʊ/ to /i/ in the word unser 'our'.

the formant below 1000 Hz. In both cases, the auditory impression of step 0.4 has more of an [i]-quality than a [ʊ]-quality.

During the interpolation of the samples of speakers A and C, a jump is also visible in F3. For speaker C this jump occurs from step 0.4 to 0.6; for speaker A from step 0.2 to 0.4. The mean values of F3 exceed 2800 Hz in the case of speaker A, and 3000 Hz in the case of C. This indicates a pre-palatal constriction location for the vowel [i], which is manifested by a high F3 approaching F4 (Moosmüller et al., 2015). The interpolation of the other two speakers, B and D, shows a continuous raising of F3, which is, however, below 3000 Hz for the female speaker D, and below 2700 Hz for the male speaker B. The auditory evaluation of the [i]-quality, which was performed by the authors as expert listeners, is more pronounced in the dialect sample (step 1.0) of A and C. The auditory quality was evaluated by the authors; no perception test was carried out.

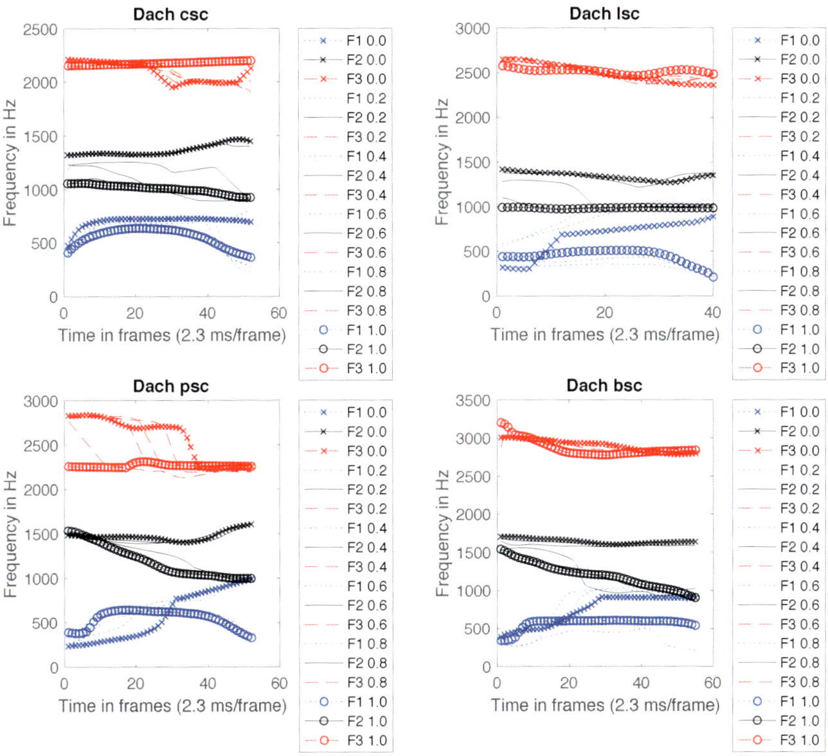

Figure 5: Formants F1-F3 for RSAG to IVG interpolation of the input-switch-rule from /ɑ/ ↔ /ɔ/ in the word Dach 'roof'.

Input-switch-rule 2

/ɑ/ ↔ /ɔ/: As concerns the input-switch-rule /ɑ/ ↔ /ɔ/ shown in Figure 5, the differences are not as dramatic as in the previously discussed input-switch-rule /ʊ/ ↔ /i/. Nonetheless, the jumps are obvious as well. /ɑ/ ↔ /ɔ/ demands a lowering of both F1 and F2. The jump in the interpolation is most obvious in speaker B, whose F1 exceeds 600 Hz in steps 0.0, 0.2, and 0.4, while F1 is below 500 Hz in steps 0.6, 0.8, and 1.0. The same holds for F2: steps 0.0, 0.2, and 0.4 exceed 1300 Hz, whilst 0.8 and 1.0 are below 1000 Hz. Step 0.6 shows a rather diphthongal trajectory, starting with a high F2 which is lowered in the second half of the diphthong. In the samples of B, a jump is observed between steps 0.4 and 0.6. Contrary to B, the interpolation of speaker A produces only small changes in F1 and is responsible for the auditory impression of an /ɑ/-quality in all his samples. Similar to speaker B, F2 of speaker A's steps 0.0 and steps

0.2 exceed 1300 Hz, while steps 0.6, 0.8., and 1.0 meet around 1000 Hz. Step 0.6 produces a diphthongal trajectory; the first part of the diphthong preserves a high F2, while in the second part, F2 is lowered.

The interpolation of both female speakers C and D produces the slight diphthongization for the dialectal output of the input-switch-rule /ɑ/ ↔ /ɔ/, described in Section III. For both speakers, a lowering of F1 is observable in steps 0.6, 0.8, and 1.0. This lowering comprises at least the final two-thirds of the trajectory for C, while in the samples of D, only the second half of the trajectory is affected. Nonetheless, the jump from step 0.4 to 0.6 is clearly visible for both speakers. In the trajectory of F2, the diphthongal quality is obvious for steps 0.6, 0.8 and 1.0 in the samples of both speakers, rendering [ɑɔ] as output, while steps 0.0, 0.2, and 0.4 exhibit the monophthongal quality of RSAG.

Statistical analysis of input-switch-rules

Figure 6 shows the differences in the first two formants for RSAG to IVG interpolation of the input-switch-rule /ʊ/ ↔ /i/ in the word unser 'our'. The left column shows differences in F1 for the two male speakers (A, B), the two female speakers (C, D) and for all the speakers taken together. The right column shows differences in F2.

Formant Differences (FDIFF) between interpolation steps were computed as

$$FDIFF = F_{\alpha_i} - F_{\alpha_{i-1}} \quad (2)$$

for F1 and F2 where $\alpha = (0.0,0.2,0.4,0.6,0.8,1.0)$ is the sequence of interpolation parameters and $F\alpha_i$ is the formant trajectory for interpolation step i. FDIFF is then a trajectory (sequence) of formant differences that will be positive if the formant is lowered from step i to step i + 1 and will be negative if the formant is raised. Figure 6 shows the boxplot for the different FDIFF trajectories with the median, the 25th and 75th percentiles and the whiskers extending to the extreme values. Outliers are shown as red crosses.

Again, a clear jump in F2 differences at F20.4 – F20.6 is visible for speakers A, B, C, and D; see Figure 6. For A and B, a larger variance in the differences is observable, but the median values are still very low. This shows that the formant trajectory of F2 is raised abruptly between 0.4 and 0.6. For all the speakers, we can also see this switching behaviour at F20.4 – F20.6. The differences between F20.4 – F20.6 and all other F2

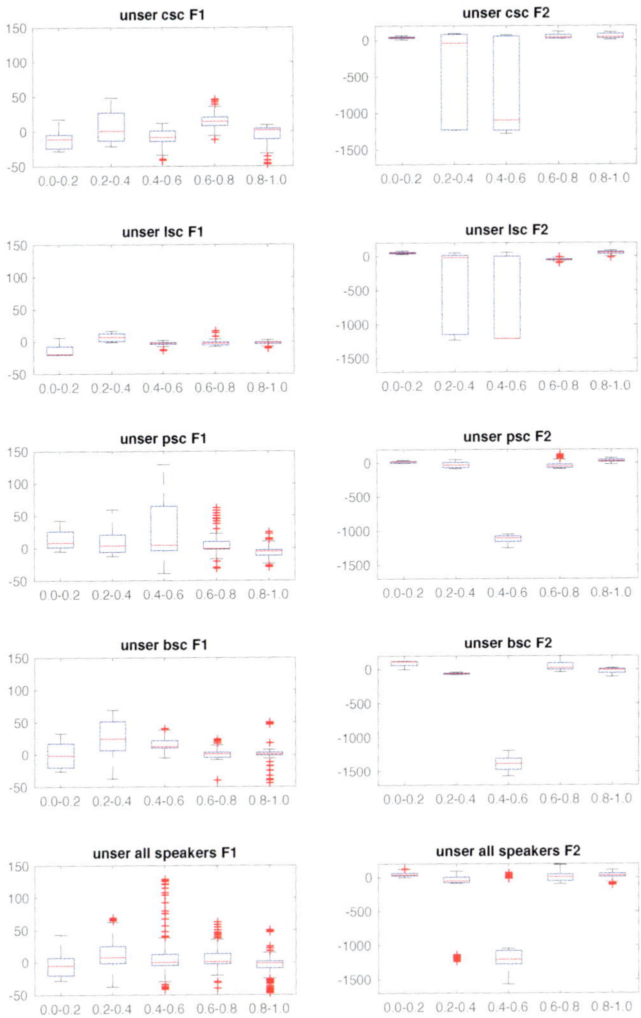

Figure 6: Differences in F1 and F2 for RSAG to IVG interpolation of the input-switch rule /ʊ/ ↔ /i/ in the word unser 'our'.

differences are statistically significant ($p < 0.001$) according to a Wilcoxon rank sum test for equal medians, which clearly shows the input-switch from [ʊ] to [i:]. Since F1 is similar for both [ʊ] and [i:], differences in F1 do not show such abrupt changes but rather a more gradual transition behaviour for C and D and almost no changes for the male speakers A and B. Figure 7 shows the differences in the first two formants for RSAG to IVG interpolation of the input-switch-rule /ɑ/ ↔ /ɔ/ in the word Dach 'roof'.

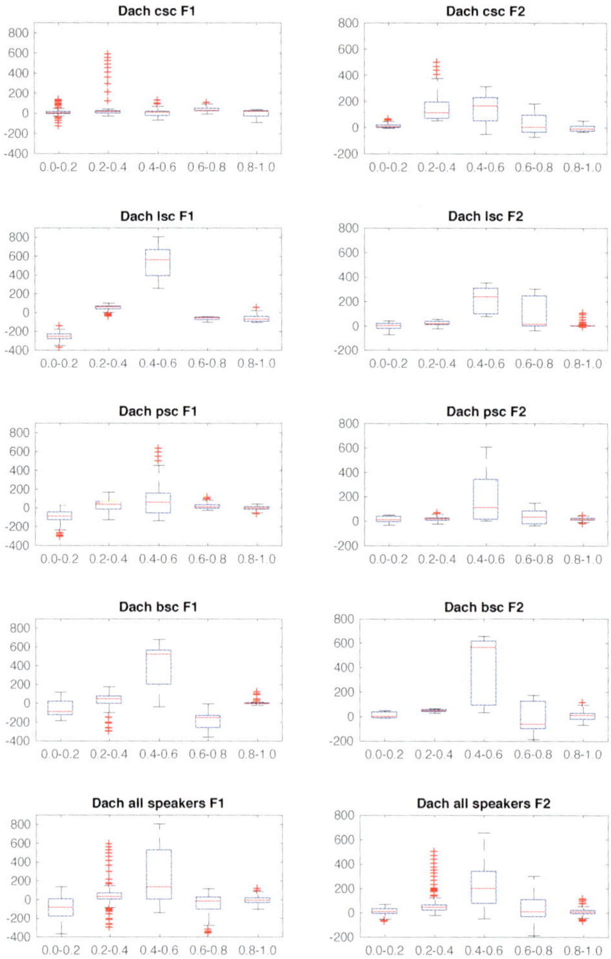

Figure 7: Differences in F1 and F2 for RSAG to IVG interpolation of the input-switch-rule /ɑ/ ↔ /ɔ/ in the word Dach 'roof'.

A clear jump in F2 differences at F20.4 – F20.6 is visible for speakers B, C, and D; see Figure 7. This shows that the formant trajectory of F2 is lowered abruptly between 0.4 and 0.6. For all speakers we can also see this switching behaviour at F20.4 – F20.6. The differences between F20.4 – F20.6 and all other F2 differences are statistically significant ($p < 0.001$) according to a Wilcoxon rank sum test for equal medians, which clearly shows the input-switch-rule from [a] to [ɔ]. For F1 we can see a clear switch at F10.4 – F10.6 for B and C, which is slightly weaker but also present for A and D. Pooling all speakers together, the switch at F10.4 – F10.6 is significantly different ($p < 0.001$) from all other F1 differences.

PHONOLOGICAL PROCESS 1

[ɐ] → [ɔ]: This process affects unstressed sequences of <-er>. Preceding a bilabial consonant or a rounded vowel, the vowel resulting from r-vocalization changes to [ɔ]. In the same way as in the input-switch-rule /ɑ/ ↔ /ɔ/, F1 and F2 need to be lowered in order to produce the desired output [ɔ]. However, contrary to the input-switch-rule, which introduced pronounced jumps, the process shows a continuous change in formant frequencies, as becomes obvious from Figure 8 for all speakers. In the samples of B, C, and D, the output of step 0.0 is [ɐ] with a rather low F1. For this reason, F1 is continuously raised for the output of [ɔ]. On first sight, F1 of C and D seems to contain a jump, but a closer look clearly reveals intermediate formant traces in both cases. Statistical analysis reveals a significant difference only from F10.6 – F10.8; the differences between all other steps are not significant, see Section VI.F. The output of step 0.0 of A, on the other hand, is [ɑ]; therefore, F1 is continuously lowered to render [ɔ] in step 1.0. F2 shows a continuous lowering and F3 either shows no changes or a continuous lowering (C).

This example is of particular interest for our current study, since it vividly shows the difference between an input-switch-rule and a phonological process. Although the same phones are involved, we observe jumps in the case of the input-switch-rule and a continuous change in the case of the phonological process.

PHONOLOGICAL PROCESS 2

[ɔ] → [ɔʊ]: Again, as becomes apparent from Figure 9, a continuous change in especially F2 is visible for A, C, and D. During the interpolation of these speakers, substantial parts of F2 are continuously raised in order to arrive at the diphthongal output in 1.0. If at all, F3 is lowered (especially so in D). F1 experiences some changes too and is especially raised in the onset and lowered in the offset of the diphthong.

STATISTICAL ANALYSIS OF PHONOLOGICAL PROCESSES

Figure 10 shows the differences in the first two formants for RSAG to IVG interpolation of the phonological process [ɐ] → [ɔ] in the word *unser* 'our'. Figure 10 shows that there is a continuous change of F1 for speakers A, B, and C. Speaker C shows a small increase in F1 of around 200 Hz at F10.4 – F10.6. Concerning all speakers, F10.4 – F10.6 differs

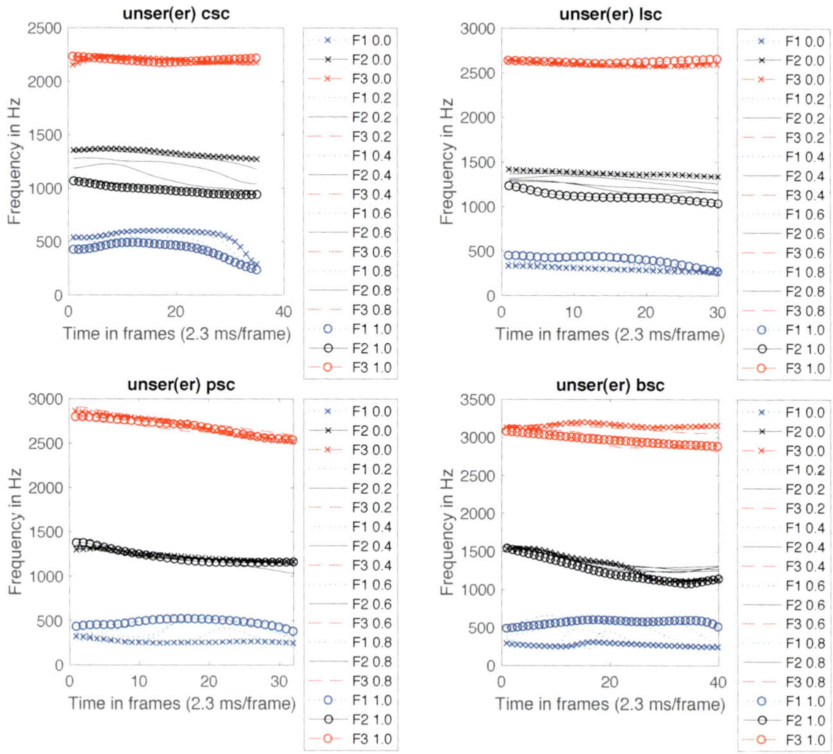

Figure 8: Formants F1-F3 for RSAG to IVG interpolation of the phonological process [ɐ] → [ɔ] in the word unser 'our'.

significantly only from F10.6 – F10.8 ($p < 0.001$), but not from the other conditions. These differences are significant but much smaller than in the case of the input-switch-rules. In the same way, a continuous change in F2 is visible. In this case, F10.4 – F10.6 is not significantly different from any other condition for all speakers according to a Wilcoxon rank sum test for equal medians. These results for F1 and F2 show that a phonological process is involved with continuous changes from [ɐ] to [ɔ]. Figure 11 shows the differences in the first two formants for RSAG to IVG interpolation of the phonological process from /ɔ/ to /ɔʊ/ in the word Woche 'week'. Figure 11 shows that there is a continuous change of F1 for speakers A, B, C, and D. Taking all the speakers together, F10.4 – F10.6 is significantly different from all other conditions ($p < 0.001$). These differences are, however, rather small, which is also obvious in the continuous change of F1. A similar picture emerges for F2, showing continuous changes with higher variance between all speakers. Here the condition F10.4 – F10.6 is only significantly different from the F10.2 – F10.4

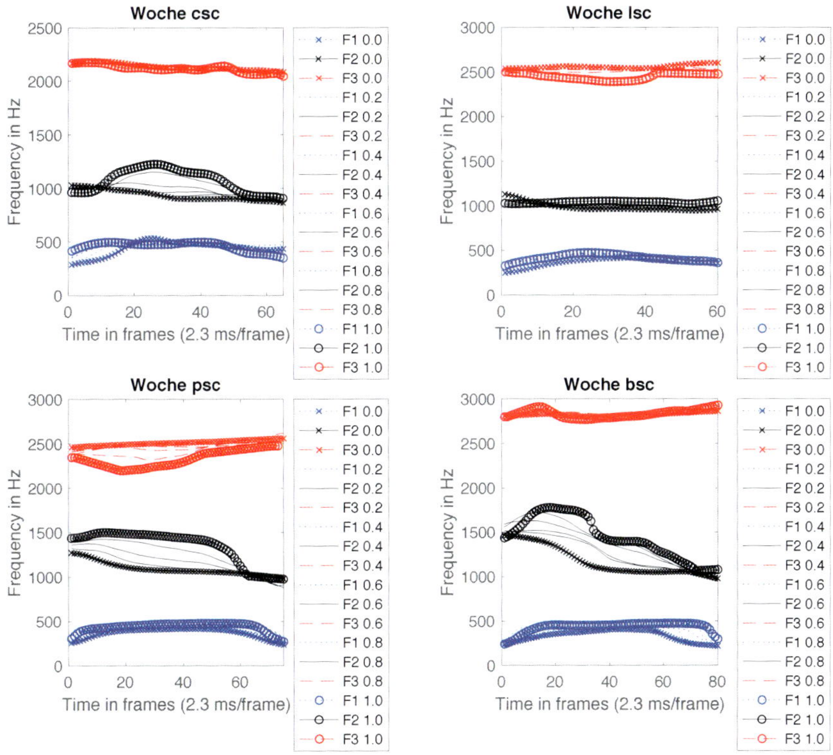

Figure 9: Formants F1-F3 for RSAG to IVG interpolation of the phonological process /ɔ/ to /ɔʊ/ in the word Woche 'week'

condition ($p < 0.001$). Overall, these results show the expected changes of a phonological process.

CONCLUSION

In this paper, we have shown how interpolation methods with state-of-the-art speech synthesis technology can be applied for the analysis of dialect variation. We analysed a representative[2] sample of dialect/standard interactions of four speakers for the Austrian dialect from Innervillgraten (IVG) and the transition to Regional Standard Austrian German (RSAG). The examples comprised input-switch-rules and phonological processes.

2 While four speakers is certainly a small sample, our focus on two different processes (input-switch, phonological process) that appear in four words spoken by these speakers allowed us to draw a conclusion about the behaviour of the different types of processes.

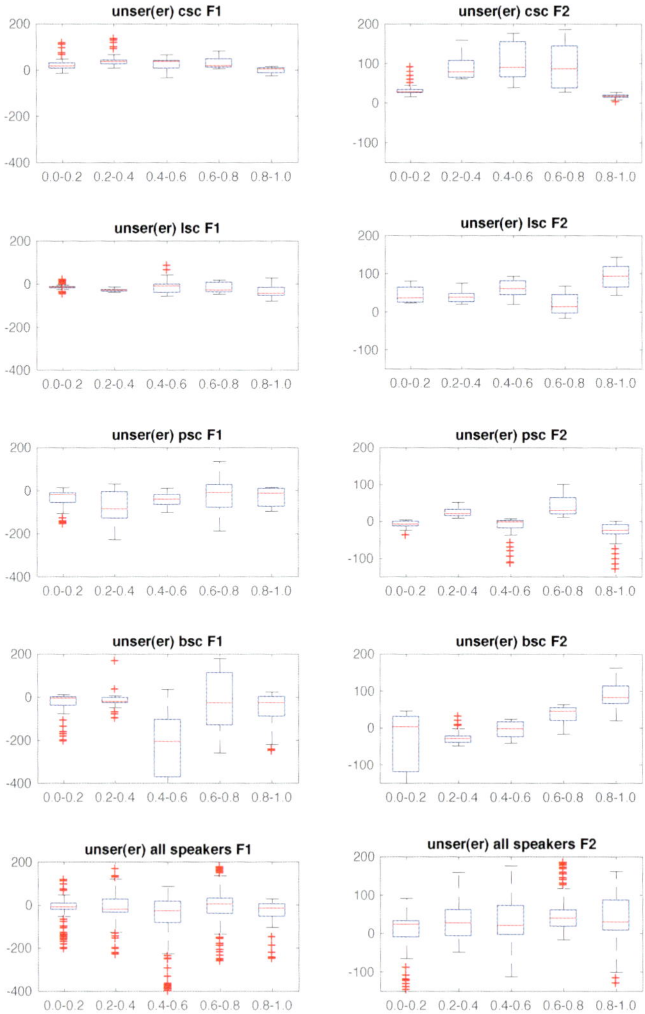

Figure 10: Differences in F1 and F2 for RSAG to IVG interpolation of the phonological process /ɐ/ to /ɔ/ in the word unser 'our'.

The analysis was focused on the interaction between the spectral and formant level and the level of Mel-cepstral features that are used by the interpolation algorithm.

We showed that input-switch rules produce the expected non-linear behaviour at the spectral and formant level by using a linear interpolation at the Mel-cepstral feature level. A statistical analysis of formant changes within the interpolation steps shows a clear difference between input-

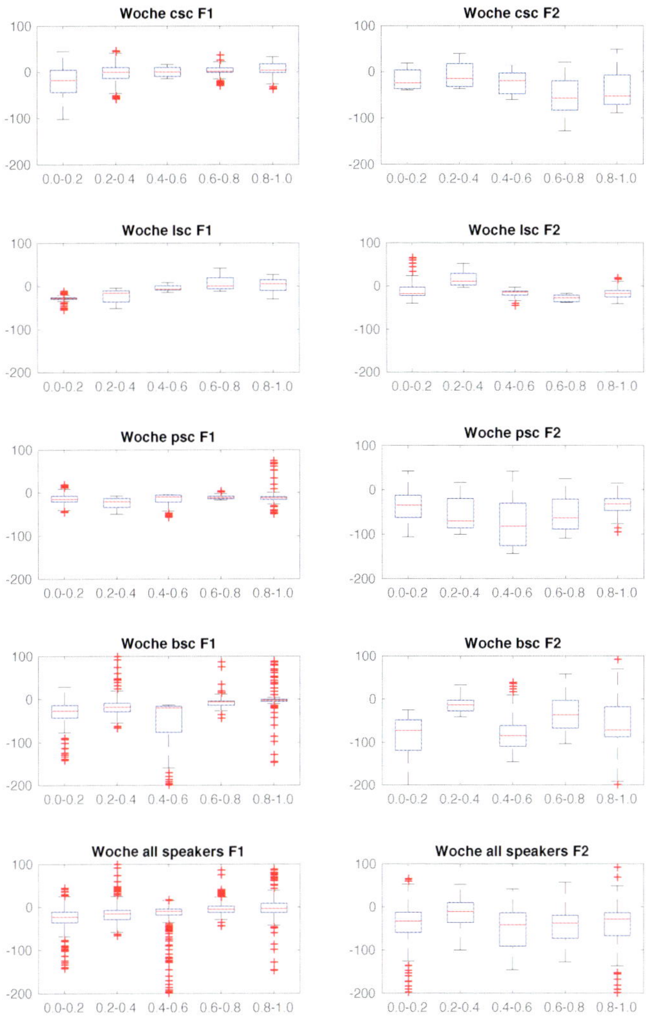

Figure 11: Differences in F1 and F2 for RSAG to IVG interpolation of the input-switch-rule /ɔ/ to /ɔʊ/ in the word Woche 'week'.

switch rules and phonological processes. Thus, we could show by means of speech synthesis that there is a qualitative difference between input-switch-rules and phonological processes. While input-switch-rules have no intermediate steps, phonological processes are characterized precisely by the presence of intermediate steps. Consequently, in the first case, interpolation produces jumps, while in the second case, smooth transitions are generated. Therefore, we propose that the interaction between dialects and standard varieties should be described by a two-competence model which captures the qualitative difference of phonological variables and thus provides a method for the analysis of language variation and change. Due to limited space, we provided only a few examples of the different behaviour of input-switch-rules and phonological processes in dialect levelling and sound change. For further examples, the reader is referred to Moosmüller (1991), Moosmüller and Scheutz (2013), or Soukup (2009). To generalize our results, we will extend our analysis to other Austrian dialects as well as non-German dialects in the future.

ABBREVIATIONS

AMTV	Acoustic modelling and transformation of varieties for speech synthesis
A,B	male speakers
C,D	female speakers
DFT	Discrete Fourier Transform
DiÖ	Deutsch in Österreich
F0	first formant
F2	second formant
F3	third formant
FDIFF	Formant Differences between interpolation steps
HMM	Hidden Markov Model
Hz	Hertz
IDFT	Inverse Discrete Fourier Transform
IVG	Innervillgraten
LPC	Linear Prediction Coefficient
MCEP	Mel-cepstral
RSAG	Regional Standard Austrian German
STx	Speech Tools eXtended

ACKNOWLEDGEMENTS

This work was supported by the Austrian Science Fund (FWF) project AMTV – Acoustic modelling and transformation of varieties for speech synthesis (P23821-N23) and project DiÖ – Deutsch in Österreich (I2539-G23).

REFERENCES

Astrinaki, M., Yamagishi, J., King, S., D'Alessandro, N., and Dutoit, T. (2013). 'Reactive accent interpolation through an interactive map application', in Proc. of the 14th Conference of the International Speech Communication Association (INTERSPEECH 2013), edited by F. Bimbot, C. Cerisara, C. Fougeron, G. Gravier, L. Lamel, F. Pellegrino, and P. Perrier, 1877–1878 (ISCA, Lyon, France).

Dressler, W., Moosmüller, S., and Wodak, R. (1989). 'Ricerche sociolinguistiche sullalingua urbana di Vienna – Sociolinguistic research on the urban language of Vienna', in Parlare in citta: studi di sociolinguistica urbana – Talk in the city: Urban sociolinguistic studies, edited by G. Klein, 93–110 (Congedo, Galatina).

Dressler, W. U. and Wodak, R. (1982). 'Sociophonological methods in the study of sociolinguistic variation in Viennese German', Language in Society 11, 339–370.

Hollenstein, J., Pucher, M., and Schabus, D. (2013). 'Visual control of hidden-semi-Markov-model-based acoustic speech synthesis', in Proc. of the 12th International Conference on Auditory-Visual Speech Processing (AVSP 2013), 31–35 (Annency, France).

Hornung, M. (1964). Mundartkunde Osttirols. Eine dialektgeographische Darstellung mit volkskundlichen Einblicken in die altbäuerliche Lebenswelt – Dialectology of Eastern Tyrol. A geographical account of the dialects with folkloristic insights into farm life (Böhlau, Wien), 182 pages.

Hornung, M. and Roitinger, F. (2000). Die österreichischen Mundarten. Eine Einführung – Austrian dialects. An introduction (öbv&hpt, Wien), 160 pages.

Imai, S. (1983). 'Cepstral analysis synthesis on the Mel frequency scale', in Proc. of the International Conference on Acoustics, Speech, and Signal Processing (ICASSP-83), 93–96 (Boston, USA).

Isogai, J., Yamagishi, J., and Kobayashi, T. (2005). 'Model adaptation and adaptive training using ESAT algorithm for HMM-based speech synthesis', in Proc. of the 9th European Conference on Speech Communication and Technology (EUROSPEECH 2005), 2597–2600 (Lisbon, Portugal).

Karhila, R. and Wester, M. (2011). 'Rapid Adaptation of Foreign-Accented HMM-based speech synthesis', in Proc. of the 12th Annual Conference of the International Speech Communication Association (INTERSPEECH 2011), 2801–2804 (ISCA, Florence, Italy).

King, S., Tokuda, K., Zen, H., and Yamagishi, J. (2008). 'Unsupervised adaptation for HMM-based speech synthesis', in Proc. of the 9th Annual Conference of the International Speech Communication Association (INTERSPEECH 2008),1869–1872 (Brisbane, Australia).

Lei, M., Yamagishi, J., Richmond, K., Ling, Z.-H., King, S., and Dai, L.-R. (2011). 'Formant-controlled HMM-based speech synthesis', in Proc. INTERSPEECH, 2777–2780 (Florence, Italy).

Ling, Z.-H., Richmond, K., Yamagishi, J., and Wang, R.-H. (2008). 'Articulatory control of HMM-based parametric speech synthesis driven by phonetic knowledge', in Proc. INTERSPEECH, 573–576 (Brisbane, Australia).

Ling, Z.-H., Richmond, K., Yamagishi, J., and Wang, R.-H. (2009). 'Integrating articulatory features into HMM-based parametric speech synthesis', Trans. Audio, Speech, and Language Processing 17, 1171–1185.

Moosmüller, S. (1991). Hochsprache und Dialekt in Österreich. Soziophonologische Untersuchungen zu ihrer Abgrenzung in Wien, Graz, Salzburg und Innsbruck – Standard and dialect in Austria – A sociophonological study on teasing apart standard and dialect in Vienna, Graz, Salzburg, and Innsbruck (Böhlau, Wien), 212 pages.

Moosmüller, S. and Scheutz, H. (2013). 'Chain shifts revisited: The case of Monophthongisation and E-confusion in the city dialects of Salzburg and Vienna', in Language variation – European Perspectives IV, edited by P. Auer, J. Caro Reina, and G. Kaufmann, 173–186 (Benjamins, Amsterdam).

Moosmüller, S., Schmid, C., and Brandstätter, J. (2015). 'Standard Austrian German', Journal of the International Phonetic Association 45, 339–348.

Noll, A., White, J., Balazs, P., and Deutsch, W. A. (2007). STX – Intelligent Sound Processing, Programmer's Reference, Acoustics Research Institute, Austrian Academy of Science, http://www.kfs.oeaw.ac.at. OEAW (2015).

Oppenheim, A. V., Schafer, R. W. (1999). Zeitdiskrete Signalverarbeitung, R. Oldenbourg Verlag, München Wien.

Picart, B., Drugman, T., and Dutoit, T. (2014). 'HMM-based speech synthesis with various degrees of articulation: A perceptual study', Neurocomputing 132, 142–147.

Pucher, M., Schabus, D., and Yamagishi, J. (2010a). 'Synthesis of fast speech with interpolation of adapted HSMMs and its evaluation by blind and sighted listeners', in INTERSPEECH 2010, 2186–2189 (Makuhari, Japan).

Pucher, M., Schabus, D., Yamagishi, Y., Neubarth, F., and Strom, V. (2010b). 'Modeling and interpolation of Austrian German and Viennese dialect in HMM-based speech synthesis', Speech Communication 52, 164–179.

Qin, L., Ling, Z., Wu, Y., Zhang, B., and Wang, R. (2006). 'HMM-based emotional speech synthesis using average emotion model', in Proc. of the 5th International Symposium on Chinese Spoken Language Processing (ISCSLP-2006), 233–240 (KentRidge, Singapore).

Schatz, J. (1903). 'Die tirolische Mundart – The dialect of Tyrol', Zeitschrift des Ferdinandeums für Tirol und Vorarlberg 47(3), 1–94.

Scheutz, H. (2016). 'Deutsche Dialekte in Südtirol. Erste Ergebnisse eines Dialektatlas-Projektes – German dialects in South Tyrol. First results of a project on a dialect atlas', in Bayerisch-österreichische Varietäten zu Beginn des 21. Jahrhunderts – Dynamik, Struktur, Funktion – Bavarian-Austrian varieties at the beginning of the 21st century – Dynamics, structure, function, edited by A. Lenz, L. M. Breuer, P. Ernst, M. Glauninger, T. Kallenborn, and F. Patocka, 407–432 (Steiner, Stuttgart).

Soukup, B. (2009). Dialect use as interaction strategy. A sociolinguistic study of contextualization, speech perception, and language attitudes in Austria (Braumüller,Wien), 253 pages.

SPTK (2015). Speech Signal Processing Toolkit (SPTK) Version 3.9, http://sp-tk.sourceforge.net/.

Tachibana, M., Yamagishi, J., Masuko, T., and Kobayashi, T. (2005). 'Speech synthesis with various emotional expressions and speaking styles by style interpolation and morphing', IEICE Transactions on Information and SystemsE88-D, 2484–2491.

Tamura, M., Masuko, T., Tokuda, K., and Kobayashi, T. (1998). 'Speaker adaptation for HMM-based speech synthesis system using MLLR', in the Third ESCA/COCOSDA Workshop on Speech Synthesis, 273–276 (NSW, Australia).

Tamura, M., Masuko, T., Tokuda, K., and Kobayashi, T. (2001). 'Adaptation of pitch and spectrum for HMM-based speech synthesis using MLLR', in Proc. of the International Conference on Acoustics, Speech, and Signal Processing. Proceedings (ICASSP 2001), 805–808 (Salt Lake City, USA).

Toman, M., Pucher, M., Moosmüller, S., and Schabus, D. (2015). 'Unsupervised and phonologically controlled interpolation of Austrian German language varieties for speech synthesis', Speech Communication 72, 176–193.

Veaux, C., Yamagishi, J., and King, S. (2012). 'Using HMM-based speech synthesis to reconstruct the voice of individuals with degenerative speech disorders', in Proc. of the 13th Annual Conference of the International Speech Communication Association (INTERSPEECH 2012), 967–970 (Portland, USA).

Wester, M. and Karhila, R. (2011). 'Speaker similarity evaluation of foreign-accented speech synthesis using HMM-based speaker adaptation', in Proc. of the International Conference on Acoustics, Speech and Signal Processing (ICASSP2011), 5372–5375 (Prague, Czech Republic).

Wiesinger, P. (1995). Schreibung und Aussprache im älteren Frühneuhochdeutschen – Spelling and Pronunciation in Early High German (de Gruyter, Berlin), 265 pages.

Yamagishi, J. and Kobayashi, T. (2007). 'Average-voice-based speech synthesis using HSMM-based speaker adaptation and adaptive training', IEICE Transactions on Information and Systems E90-D, 533–543.

Yamagishi, J., Kobayashi, T., Nakano, Y., Ogata, K., and Isogai, J. (2009). 'Analysis of speaker adaptation algorithms for HMM-based speech synthesis and a constrained SMAPLR adaptation algorithm', IEEE Audio, Speech, & Language Processing 17, 66–83.

Yamagishi, J., Masuko, T., and Kobayashi, T. (2004). 'MLLR adaptation for hidden semi-Markov model-based speech synthesis', in Proc. of the 8th International Conference on Spoken Language Processing (INTERSPEECH 2004), 1213–1216 (Jeju Island, Korea).

Yamagishi, J., Ogata, K., Nakano, Y., Isogai, J., and Kobayashi, T. (2006). 'HSMM-based model adaptation algorithms for average-voice-based speech synthesis', in Proc. of the International Conference on Acoustics Speech and Signal Processing Proceedings (ICASSP 2006), 77–80 (Toulouse, France).

Yoshimura, T., Masuko, T., Tokuda, K., Kobayashi, T., and Kitamura, T. (1997). 'Speaker interpolation in HMM-based speech synthesis system', in 5th European Conference on Speech Communication and Technology (EUROSPEECH 1997), 2523–2526 (Rhodes, Greece).

Zen, H., Toda, T., Nakamura, M., and Tokuda, K. (2007). 'Details of Nitech HMM-based speech synthesis system for the Blizzard Challenge 2005', IEICE Trans. Inf. & Syst. E90-D, 325–333.

Zen, H., Tokuda, K., Masuko, T., Kobayashi, T., and Kitamura, T. (2004). 'Hidden semi-Markov model-based speech synthesis', in Proc. of the 8th International Conference on Spoken Language Processing (INTERSPEECH 2004), 1393–1396 (Jeju Island, Korea).

Revisiting Pfalz's law for two Viennese varieties: on speaker group differences in the implementation of vowel+stop sequences

FELICITAS KLEBER – NICOLA KLINGLER – MARKUS JOCHIM – MICHAEL PUCHER – STEPHAN SCHMID – URBAN ZIHLMANN

Abstract. In this paper we report on first results from a combined speech production and speech perception experiment conducted within one of Sylvia Moosmüller's latest research projects – a joint DFG/FWF/SNF-funded so-called D-A-CH project on the synchronic implementation of phonemic vowel and post-vocalic consonant quantity in southern German varieties and potential diachronic changes within these quantity contrasts. While the project investigates a total of six varieties, two each from Austria, Germany, and Switzerland, the focus of the present paper is on the two Viennese varieties – the Viennese standard variety and the East Central Bavarian Viennese dialect – which are compared to two varieties from Germany. The project builds among others upon a previous study by Moosmüller and Brandstätter (2014) that suggested the presence of long vowels before (long) fortis stops in the phonological systems of the two varieties (although differently implemented) despite the prevailing assumption that this combination is illegal in Central Bavarian varieties and merged either with long vowel + lenis stop or with short vowel + fortis stop sequences. The paper specifically extends this previous study by investigating data from two age groups within each variety. Acoustic measurements of vowels and post-vocalic stops in the speech materials of the newly collected speech data indeed suggest the emergence of a third category of long vowel + fortis stop sequences. These sequences are acoustically clearly separated from long vowel + lenis stop sequences, on the one hand, and from short vowel + fortis stop combinations, on the other, in all four Viennese groups who implement the contrast differently from German speakers of the German standard variety and a West Central Bavarian dialect. While there was no evidence of a more standard like performance in younger speakers, the separation was less pronounced in Viennese dialect than in Viennese standard speakers, suggesting the diachronically stable existence of dialectal traces of the Bavarian quantity system particularly in the Viennese dialect and only to a lesser extent in the Viennese standard speakers. All four Austrian speaker groups, however, did not differ from the German standard group in the perceptual categorization of an acoustic continuum from /hˈaːgən/ to /hˈakən/ encompassing /hˈaːkən/.

PREAMBLE

Our present understanding of the phonetics and phonology of Austrian German varieties has been substantially informed by the many contributions by Sylvia Moosmüller (Moosmüller, 1984, 1987, 1996, 2015, 2016;

Moosmüller & Ringen, 2004; Moosmüller & Scheutz, 2013; Moosmüller et al., 2015), from her 1984 dissertation on Viennese German to the 2015 illustration of Standard Austrian German in the 45th volume of the *Journal of the International Phonetic Association*. They provided the empirical basis for sociophonetic analyses, the re-evaluation of phonological phenomena in Bavarian and the phonetic classification of Standard Austrian German as a major language variety. One of her latest research projects was concerned with a large-scale cross-linguistic investigation of the development of segmental quantity in Bavarian varieties and southern German regional standard varieties, addressed in a so-called DFG/FWF/SNF-funded D-A-CH project, a joint collaboration between the Viennese Acoustics Research Institute at the Austrian Academy of Sciences, the Institute of Phonetics and Speech Processing at the LMU Munich, and the Phonetics Laboratory at the University of Zurich. The project draws, among others, on production results presented in Moosmüller and Brandstätter (2014), suggesting a prosodic change in Viennese varieties regarding segmental timing (cf. below). This article presents both production and perception results arising from the follow-up studies conducted within the D-A-CH project which Sylvia Moosmüller so sadly did not live to see. We dedicate this article to her.

INTRODUCTION

In 1913 Anton Pfalz first described for the East Central Bavarian (hereafter ECB) dialect spoken in the Marchfeld area east of Vienna the interdependency between the length of a syllable-final consonant and the length of the preceding stressed vowel: long vowels can only precede lenis obstruents (which are phonetically shorter) and short vowels only occur before (phonetically) longer fortis stops (Pfalz, 1913). This phenomenon of complementary length, often referred to as Pfalz's law, has been described as a more general characteristic of the larger Bavarian dialect area, including West Central Bavarian (hereafter WCB, e.g. Bannert, 1976; Hinderling, 1980), but also Southern Bavarian (see e. g. Wiesinger, 1990) and North Bavarian (Rowley, 1990) varieties. According to this phenomenon , speakers of Bavarian varieties realize words that contain long vowels before fortis stops (e.g. *beten*, /bˈeːtən/, 'to pray') and short vowels before lenis stops (e.g. in words borrowed from standard German such as *Widder* /vˈɪdɐ/), respectively, in free variation either as e.g. [bˈetən], [bˈeːdən] and [vˈɪtɐ], or [vˈɪːdɐ]. The restriction to long+short and short+long combinations, respectively, was for a long time considered uncontroversial; the focus of the discussion was instead on the phonemic status of vowel length and consonant strength (see Seiler, 2005 for an overview). While most researchers argued in favour of a phonemic fortis/lenis contrast and allophonic vowel length (e.g. Hinderling, 1980; Wiesinger, 1990) that is predictable by the underlying consonant strength category of the following consonant, Bannert (1976) argued that prosodic quantity determines whether the vowel or the consonant is long and the adjacent segment then predictably short. This issue shall not be discussed here further; instead, the focus will once again be on the nature of segmental quantity and the validity of Pfalz's law in two varieties spoken in Vienna, including the ECB Viennese dialect, and a WCB variety spoken in Germany.

The motivation for the present study comes from a previous, partly apparent-time[1] study by Moosmüller and Brandstätter (2014) where they showed on the basis of acoustic measurements that long vowel+long fortis stop combinations appear possible. More precisely, they measured the duration of the stressed vowel and medial stop in words like *Siebe* ('sifters', /sˈiːb̥ə/, where underlyingly V_1 is a long vowel and C_2 a short lenis stop, henceforth V:C type sequence), *Siepe* (a proper name, /sˈiːpə/, where underlyingly V_1 is again a long vowel and C_2 a long unaspirated fortis stop, henceforth V:C:), and *Sippe* ('clan', /sˈipə/, where underlyingly V_1 is a short vowel[2] and C_2 again a long unaspirated fortis stop, henceforth VC:) in nine older speakers of the ECB Viennese dialect and 13 older and 13 younger Viennese speakers of the phonologically ECB-based Austrian standard variety (cf. Moosmüller, 1996) and found that sequences of the type /V:C:/, considered illegal in Bavarian, were not merged – in terms of identical duration patterns – with one of the legal sequences but realized with a duration pattern that lay in between that of /V:C/ and /VC:/ type sequences (cf. Fig 6, p. 87). More specifically, the proportion of the vowel duration in a vowel+stop sequence (henceforth V/(V+C) ratio; where the mostly unaspirated Viennese stop corresponds approximately to the stop's

[1] The apparent-time approach builds upon the assumption that the speech of a comparatively homogenous group of speakers (homogenous particularly in age and variety) reflects the stage of a variety at which they have acquired it prior to the age of dialect acquisition. Any deviation in the speech of a later generation of speakers of the same speech community is consequently indicative of a diachronic linguistic change (cf. Labov, 1994: 45–54).

[2] In the Viennese varieties of German, front, high vowels differ largely in vowel quantity and much less in quality (Schmid & Moosmüller, 2017) than in standard German as spoken particularly in the north of Germany.

closure phase) was longest for /V:C/ and shortest for /VC:/ type sequences reflecting the complementary vowel length and stop length pattern described above in words with these combinations. The intermediate proportional vowel duration for /V:C:/ type sequences mirrors, in turn, the combination of two equally long segments, in this case two phonemically long segments. The acoustic divide into three characteristic V/(V+C) ratio patterns was, however, less pronounced in older speakers of the Viennese dialect than in Viennese standard speakers. Moreover, older more than younger speakers of the Viennese standard variety varied absolute durations as a function of adjacent segments. Taken together, the data then suggest that the restrictions of Pfalz's law on the temporal organization of vowel+stop sequences must have become loosened over time – first in the standard variety, where this prosodic change of segmental quantity appears to be still in progress, and subsequently in the dialect. A more direct investigation of (1) age group differences within the Viennese dialect group and (2) potential differences in the phonetic implementation of vowel and stop length contrasts between speakers of the Austrian standard variety, on the one hand, and speakers of the German standard variety, on the other, remains to be done. The first aim was therefore to replicate the study described in Moosmüller and Brandstätter (2014) with different materials and speakers, by extending the apparent-time approach to dialect speakers and by a comparison of the temporal patterns found in ECB with those in WCB and standard German.

Further evidence for an eventual break-up of Pfalz's law in Central Bavarian (presumably due to dialect levelling) comes from an apparent-time study on WCB (Kleber, 2017) which showed that when speaking standard German with a Bavarian accent older more than younger speakers of WCB realize standard German words with V:C: sequences (i.e. those considered illegal in Bavarian) in greater compliance with Pfalz's law in that they additionally vary stop duration. More specifically, older WCB speakers tended to realize words like /bˈiːtən/, 'to offer' either as [bˈiːdən] with a long vowel preceding a short lenis stop or as [bˈɪtən] with a short vowel preceding a longer fortis stop. Younger WCB speakers, on the other hand, realized these words more standard-like as /bˈɪtən/, which stands in clear contrast to trochaic words that contain /V:C/ and /VC:/ type sequences. Such a three-way contrast between /V:C/, V:C:/, and /VC:/ type sequences also emerged in the analysis of spontaneous speech data obtained from a different group of younger speakers from the WCB area (Kisler & Kleber, 2019). Interestingly, however, younger

ECB[3] speakers from Austria who were recorded for the same corpus (the *Deutsch Heute*-Corpus, cf. Brinckmann et al., 2008) did not show this three-way contrast but a tendency to merge /V:C:/ type sequences with /VC:/ type sequences (cf. Fig. 4 in Kisler & Kleber, 2019: 291). These findings suggest that Pfalz's law appears to be giving way to the three-way contrast found in standard German only in WCB but possibly not in ECB.[4] One fundamental difference between the studies by Moosmüller and Brandstätter (2014) and Kisler and Kleber (2019) that is most relevant in the present context is that the former study focused on Viennese varieties while the latter included primarily ECB speakers from other Austrian regions. The second aim of the project was therefore to investigate in more detail whether or not and if so to what extent younger ECB speakers from Vienna differ in their temporal organization of vowel+stop sequences from younger WCB speakers from Upper Bavaria when they are speaking the dialect (and not just regional varieties as in Kleber, 2017, and Kisler & Kleber, 2019).

The change in the production of the WCB regional variety of standard German is also manifested in WCB listeners' perception of standard German vowel+stop sequences. A follow-up perception experiment in Kleber (2017) showed that the same WCB speakers turned listeners perceived instances of standard German *Haken* (/hˈaːkn̩/, 'hook') more often as *hacken* (/hˈakn̩/, 'to chop') when they were part of the older group and when they had been asked to judge these instances in a two-alternative forced choice (AFC) task between *hacken* and *Hagen* (/hˈaːgn̩/, a proper name).[5] Younger WCB listeners, on the other hand, judged the *Haken*-like

[3] While the study only included speakers from areas where Central Bavarian dialects are spoken, the study erroneously allocated some speakers from Western Austria to the ECB group who, from a dialectal point of view, should have been part of the WCB group. On the assumption that WCB is less conservative than ECB this would imply that the difference between ECB and WCB should have been even more pronounced if these speakers had been allocated correctly. Alternatively, the group differences may have been enlarged, namely if the Austrian WCB speakers were more conservative than the German WCB and the Austrian ECB speakers.

[4] Such linguistic meaningful interpretations of the analysis in Kisler and Kleber (2019) need to be treated with caution given that the speech materials were not designed for a duration analysis of vowel + stop sequences in trochaic words and thus were not well balanced. The focus of the paper was on automatic segmentation of large databases and the duration analysis of vowel + stop sequences in polysyllabic (but not necessarily trochaic) words was a means to evaluate the reliability of automatically segmented data.

[5] No such group difference emerged in a control 3AFC task where *Haken* was among the response options.

stimuli equally often as *hacken* or *Hagen* in the two-AFC task (henceforth 2AFC), i.e. as opposed to the older group they showed no such bias towards one of the two Bavarian legal patterns. This study was replicated for the three regional standard varieties spoken in Vienna/Austria, Munich/Southern Germany, and Zurich/Switzerland by Klingler et al. (2019) using the same minimal set and the same procedure of only manipulating the proportional vowel duration but with more stimuli. They found that speakers of the standard varieties of Vienna and Munich clustered together in rating *Haken*-like stimuli as *hacken* or *Hagen* at chance level while speakers from Zurich almost always judged the same stimuli as *hacken.* Our third aim in the present study was to test the same continuum used in Klingler et al. (2019, see below for details regarding stimulus creation) with dialect and standard speakers from Vienna, this time taking age into account.

SPECIFIC AIMS AND HYPOTHESES

A specific aim of the present paper is to present first of all an overview of the Viennese production data obtained within the project. It extends this previous study by including (1) production data also from younger speakers of the Viennese dialect and (2) perception data to investigate the perceptual status of these combinations which were considered illegal in East Bavarian for a long time. The present study is preliminary in that most of the analyses are based on a subset of data for which the automatically set segment boundaries have already been checked. The specific hypotheses for speech production were that all groups produce all three combinations by means of acoustic duration differences but that dialect speakers do so less than standard speakers. If this was a sound change in progress then younger speakers should be – commensurate with the apparent time construct (cf. footnote 1) – in between older speakers, on the one hand, and speakers of the more standard-like variety, on the other.

If Viennese speakers of the dialect differed from Viennese speakers of the Austrian standard variety and if older and younger speakers differed then we would predict that any such differences also materialized in perceptual judgments to variants of the various vowel+stop sequences in the form of a bias towards the more dialectal variant. In light of the sound change hypothesis we also need to consider the possibility of a mismatch between the perception and production results given some evidence in favour of a misalignment of the two modalities during a sound change in progress (see Kleber et al., 2012, for discussion). Whether the more conservative variant dominates in perception or in production appears to depend on he progression of a change which might take several decades (Pinget, 2015).

METHODS

Participants

A total of 45 speakers for whom data from a speech production task and a follow-up perception experiment were available were selected for the present analyses. 25 of these participants were from Vienna and 20 from Upper Bavaria in Germany. The Viennese group comprised again twelve speakers of the ECB Viennese Dialect (henceforth VD) and thirteen speakers of the Viennese standard variety (henceforth VS). Six VD speakers were allocated to a younger VD group (mean age = 24.7, sd = 3.6, three female) and seven VD speakers to the older VD group (mean age = 55.7, sd = 4.0; five female). Among the VS speakers were six older (mean age = 59.2, sd = 5.5; four female) and seven younger (mean age = 24.9, sd = 3.8; three female) speakers, who were then likewise grouped into an older and a younger VS group. The German group comprised seven younger speakers of the standard variety spoken in Munich (henceforth MS, mean age = 23.9, sd = 2.5, four female) and twelve younger speakers of WCB (mean age = 25, sd = 2.7, six female). Since almost no dialect is spoken in the city of Munich, WCB speakers were recruited from the rural surrounds of Munich.

Production

To analyse the phonetic implementation of various vowel+stop sequences in production we created a new corpus with target words containing among others the three vowel+stop type sequences V:C, V:C:, and VC:. All target words were then embedded in the narrow focus position of appropriate carrier phrases. These carrier phrases varied depending on the speaker group: speakers of the standard variety were presented with sentences in standard orthography; dialect speakers were presented with sentences written in an orthographic proxy of the dialect (since no standardized orthography is available here). To minimize influences of orthography, speakers did not read out loud the respective sentences presented to them one after another and in random order on a screen directly, but were asked to read each sentence silently and to repeat it as soon as the sentence disappeared from the screen and within a pre-set speaker-individual time frame.

The corpus contains a total of 21 such real words which have been produced five times each at two different speech rates (a normal and a speaker-specific faster rate). The recordings from the faster rate condition were, however, lumped together with those of the normal rate condition in the present study, since here speech rate was excluded as a predictor variable. All recordings have been automatically segmented among others into words and phonemes using WebMAUS (Kisler et al., 2017) and stored as an EmuDB (Winkelmann et al., 2017). These automatic segment boundaries were (and currently still are) checked and whenever necessary hand corrected, complying with the following criteria: the boundaries that mark the on- and offset of a stressed vowel were placed at the first and last, respectively, clearly visible glottal pulse. A vowel's offset concomitantly marks the onset of the postvocalic stop. The stop's offset was again set to the first clearly visible glottal pulse of the following voiced segment (usually a vowel). All stops were further segmented into a closure and aspiration phase, the latter beginning with the burst. Regardless of how short the aspiration phase was (e.g. in tokens with lenis stops) it was marked unless it was not detectable (usually cases with no or a very weak burst). For a set of 3 sequence types × 2 words the segment boundary check has been completed; this set is referred to as corrected data set. This set contained the words *Hagen*, *Haken*, *hacken* (see above for transcriptions and English glosses), *wieder* (/v'iːdɐ/, 'again'), *Bieter* (/b'iːtɐ/, 'bidder'), and *bitter* (/b'ɪtɐ/, 'bitter'). Tab. 1 summarizes the data points available for analysis. The item *Hagen* is missing most tokens because in this context /g/ was often, particularly by dialect speakers, assimilated to the following /n/.

Table 1: Distribution of analysed tokens per speaker group.

Group	corrected data		uncorrected data		
	alveolar	velar	labial	alveolar	velar
younger MS speakers	239	234		*not analysed*	
older VS speakers	150	150	300	656	286
younger VS speakers	209	198	349	765	323
older VD speakers	210	167	239	547	233
younger VD speakers	159	130	250	546	212
younger WCB speakers	359	313		*not analysed*	

We then retrieved acoustic vowel and closure duration from the EmuDB in R (version 3.6.0 R Core Team, 2019) using RStudio environment (version 1.2.1335, RStudio Team, 2018) and the emuR package (Winkelmann et al., 2017) and calculated the V/(V+C) ratio where V corresponds to the vowel duration and C to the closure phase duration. The dependent variable V/(V+C) (or a derived measure) was subjected to the statistical analyses described below in the RESULTS section.

PERCEPTION

The same speakers from whom production data were obtained also participated in a speech perception experiment. The perception experiments always took place after the production experiment – sometimes right after the recording session, sometimes with a delay of several days. In the present experiment we will only present the results from all four Viennese groups and compare them to the results of the MS group given that they were listening to the exact same resynthesized versions of a natural *Hagen* production of a middle-aged male model talker of standard German who is Austrian by nationality but acquired the German standard variety in the north of Germany.

More precisely, following the method in Kleber (2017),[6] the model talker produced first ten repetitions of the target words *Hagen* and *hacken* embedded in the carrier sentence *Maria hat* target word *gesagt.* (lit. 'Maria has target word said'). We then measured vowel and stop duration in the two target words and calculated the V/(V+C) ratio. To create the *Hagen–hacken* continuum that naturally encompasses *Haken*, we selected from the ten *Hagen* repetitions the token with the V/(V+C) value closest to the mean V/(V+C) ratio across all ten repetitions. This token was labelled stimulus 1 and corresponds to one endpoint of the continuum. We then shortened the vowel duration successively 16 times while simultaneously lengthening the closure phase of the velar stop using Praat's Manipulate and Get resynthesis (overlap and add) functions (Boersma & Weenik, 2017; cf. Tab. 2 for subsequently measured vowel and closure duration in the resulting stimuli). Thus, the duration of the vowel+stop sequence was identical across all stimuli of the continuum; only the V/(V+C) ratio varied systematically from stimulus to stimulus. The ratio of the final stimulus 17 corresponded to the mean V/(V+C) ratio across

[6] The model talker was the same as in Kleber (2017) but the measurements and stimuli were based on newly obtained recordings.

all ten *hacken*-repetitions available from the model talker. Prior to the experiment the stimuli were auditorily cross-checked by the authors to validate a change in perception along the continuum from an unambiguous *Hagen*-percept to a *Haken*-percept somewhere in the middle of the continuum to an unambiguous *hacken*-percept.

Table 2: Vowel (V) and stop closure (C) duration [ms] for the stimuli of the Hagen –hacken continuum.

	Stimulus																
	1	2	3	4	5	6	7	8	9	10	11	12	13	14	15	16	17
V	160	154	148	142	136	130	124	118	112	106	100	94	88	82	76	70	64
C	55	61	67	73	79	85	91	97	103	109	115	121	118	124	130	136	142

Listeners rated the 17 stimuli in a 2AFC and subsequently in a control 3AFC task both conducted in Praat. They listened once to a stimulus presented over headphones which was in the 2AFC task immediately to be judged as sounding either more like *hacken* or more like *Hagen* by clicking on the respective word which was presented on a computer screen. In the control task *Haken* was added as a third response option. Each stimulus was presented ten times and in randomized order. The focus will be on the results from the 2AFC task. The responses from this task were the dependent variable in a generalized mixed effects model with stimulus and group as fixed factors.

RESULTS

PRODUCTION

Measurements of the V/(V+C) ratio in the subset of the data where segment boundaries have already been checked and corrected wherever necessary indicate that all speakers differentiate between three combinations by means of characteristic V/(V+C) ratios (cf. Fig. 1). These observations are supported by mixed effects models with ratio as the dependent variable and word and speaker as random factors showing significant effects for both predictor variables, i.e. sequence type ($F[2,35] = 925.5$, $p < 0.001$) and group ($F[5,36] = 4.3$, $p < 0.01$) as well as a significant interaction between them ($F[10,35] = 4.1$, $p < 0.001$). The most striking group differences were firstly the difference within the V:C: type (Fig. 1 middle panel) between younger WCB and younger MS

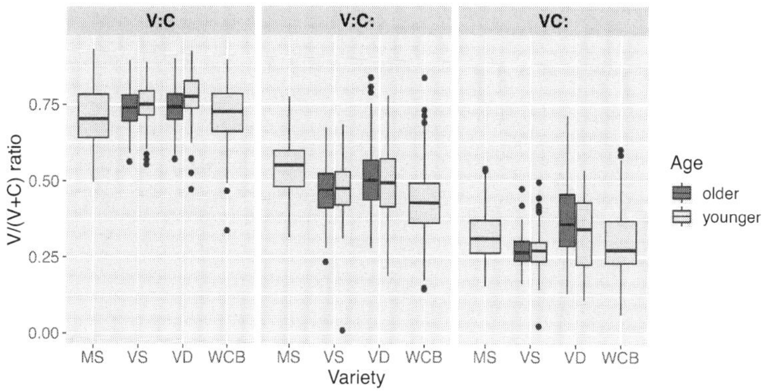

Figure 1: V/(V+C) ratio as a function of vowel+stop sequence (left panel: V:C, middle panel: V:C:, right panel: VC:) separately for older (dark grey) and younger (light grey) speakers of the Munich (MS) and Viennese (VS) standard varieties, respectively, and speakers of the WCB and Viennese dialect (VD).

speakers[7] with all four Viennese groups taking up an intermediate position and secondly, the difference between the two Viennese varieties regarding the VC: type sequence. Two separate models fitted (1) to the Viennese V:C: category and (2) to the Viennese VC: category revealed – commensurate with Fig. 1 – no significant group differences (i.e. neither age nor variety) for the V:C: category and no significant age but a significant effect of variety in the VC: category ($F[1,22] = 14.5$, $p < 0.001$). Irrespective of a speaker's age, Viennese dialect speakers realized words like *hacken* with a greater vowel proportion, indicating some form of lenition and as a result a less sharp contrast between V:C: and VC: type sequences.

Fig. 1 in fact suggests for all groups except the MS group a greater tendency for V:C: type sequences to cluster more with VC: sequences than with V:C sequences, which is, however, more pronounced in dialect speakers. This then suggests a general bias towards adjusting vowel duration and not that of the stop, at least for the subset of words selected for the present analysis.

This pattern also emerges quite clearly in Fig. 2, which shows the distribution of V/(V+C) ratios as a function of sequence type in the automatically segmented and not yet segment boundary corrected data that

[7] A post-hoc test with Bonferroni correction revealed that only these two groups differed significantly ($p < 0.001$) in their V/(V+C) ratios of the V:C: type sequence.

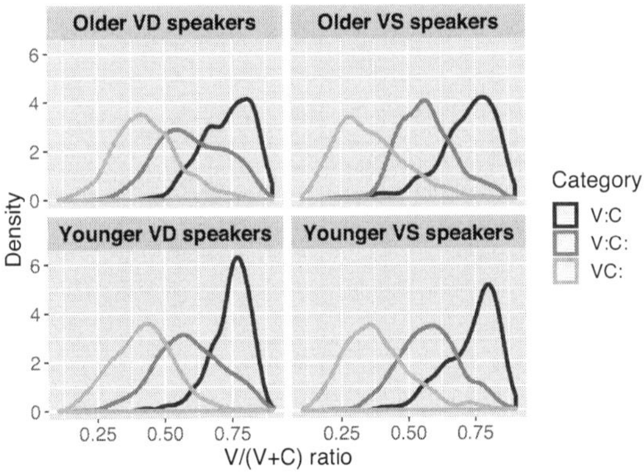

Figure 2: Density distribution of V/(V+C) ratios in all words of the uncorrected set as a function of sequence type (black = V:C, dark grey = V:C:, and light grey = V:C) separately for older (top panels) and younger (bottom pancls) VD (left panels) and VS (right panels) speakers.

included multiple target words (cf. above Tab. 1, i.e. the data most likely include errors in measurement but see Kisler & Kleber, 2019, for the reliability of such data). In this MAUS-based analysis C corresponds to the entire stop including the aspiration phase. The amount of overlap between V:C: type sequences with either one of the legal sequences is obviously greater for Viennese dialect compared to Viennese standard speakers, and in particular with the VC: type sequence. Most interestingly, older (but not younger) VD speakers' distribution of V/(V+C) ratios for V:C: type sequences show a right-skewed distribution, indicating a greater tendency for V:C: type sequences to overlap with VC: type sequences and not with V:C type sequences.

The purpose of the last analysis of the corrected production data was to further quantify the degree of acoustic difference between V:C: type and VC: type sequences. To this end, we excluded all V:C type sequences from the analysis and calculated for each speaker and each token the difference between the V/(V+C) ratio of each repetition of a word (e.g. *Haken*) and the mean V/(V+C) ratio of this minimal pair's counterpart word (i.e. in this case *hacken*) aggregated across all repetitions.[8] This left us with forty values per speaker. We will refer to these values as ratio difference. Visual inspection and statistical analyses revealed no signifi-

[8] Two VD speakers had to be excluded from this analysis because no repetition was available for one word (these had been excluded because the stop was missing, cf. methods above).

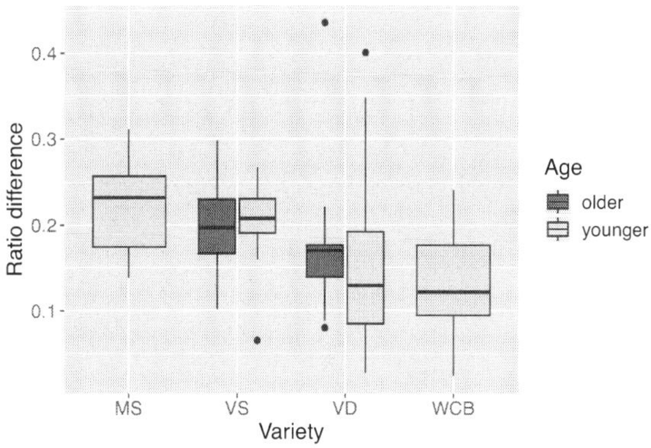

Figure 3: Aggregated ratio differences between V:C: type and VC: type sequences for the corrected data set separately for the Munich (MS) and Viennese standard (VS) varieties, the Viennese (VD) and the WCB dialect as well as older (dark grey) and younger (light grey) speakers.

cant influence of word or sequence type (i.e. whether V:C: tokens were subtracted from the mean of V:C tokens and vice versa) on the ratio difference. We therefore aggregated the ratio difference values across word and sequence type for the final analysis. Fig. 3 shows a clear separation between standard (MS and VS) and dialect (VD and WCB) speakers. The latter groups' smaller difference values indeed suggest a greater amount of overlap between V:C: type and VC: type sequences than in the two standard groups. These observations were again supported by statistical analysis: a linear mixed effect model with the ratio difference as the dependent variable, order of subtraction and group as fixed factors and word and speaker as random factors showed a significant effect for group ($F[1,37] = 5.6$, $p < 0.05$) but none for order of subtraction. Subsequent models with the same variables above but fitted to VD and the VS group, respectively, again showed no effects for age.

The most important findings from the analyses of the production data are that (1) Viennese speakers of the dialect do not differ from Viennese speakers of the standard in terms of a clearly stable three-way contrast (in line with Moosmüller & Brandstätter, 2014), but (2) in the implementation of fortis stops after short vowels which in turn leads to a greater tendency for V:C: type and VC: type sequences to overlap. The non-existing age differences (3) do not support the idea of a sound change in progress in Viennese. The dialect-standard divide regarding the Bavarian illegal pattern was (4) most pronounced for the two German groups with younger WCB speakers showing a V/(V+C) ratio well below those of same-aged younger standard speakers, suggesting that WCB speakers still shorten underlying long vowels before fortis stops to a greater extent (i.e. in accordance with the dialectal background). The Viennese dialect-standard divide became apparent only when taking into account the difference between the V:C: type and VC: type sequences.

Perception

The results for the control 3AFC task showed that – commensurate with production – listeners from all speaker groups perceived the stimuli from the middle of the continuum as *Haken.*

The aggregated response curves (aggregated across the speakers within a group) to stimuli judged in the 2AFC task in Fig. 4 likewise do not differ greatly between speaker groups and show a similar progression. The five listener groups thus did not differ substantially in their judgment of the stimuli from the *Hagen–hacken* continuum (encompassing *Haken*) in the 2AFC task. A generalized mixed effects model with response as dependent variable, stimulus and group as contrast coded and centred on zero fixed factors (i.e. older VD listeners = −2, younger VD listeners = −1, older VS listeners = 0, younger VS listeners = 1, younger MS listeners = 2, stimulus 1 = −8, stimulus 2 = −7, … stimulus 9 = 0, stimulus 10 = 1, … stimulus 17 = 8 so that the fixed effects can be interpreted as in an ANOVA, cf. Eger & Reinisch, 2019), and listener as random factor corroborates this visually apparent result as it revealed only a significant effect for stimulus ($z = 15.3$, $p < 0.001$) but none for group.

DISCUSSION AND CONCLUSION

The aims of the paper were to investigate cross-linguistic and apparent time differences in the implementation of quantity contrasts in three types of vowel+stop sequences between different-aged speakers of different varieties spoken in Vienna and to compare their data to that of German younger speakers of the Munich standard variety and WCB, respectively. The following findings arose from the analyses above. First, irrespective of age or variety all 24 speakers of Viennese varieties realized words containing the three vowel+stop sequence types by means of three characteristic and unambiguous V/(V+C) ratios – similarly to speakers of standard German as spoken in the north of Germany (Kohler, 1979). This finding indicates that the V:C: type sequence considered illegal in previous descriptions of Central Bavarian varieties is legal both in the system

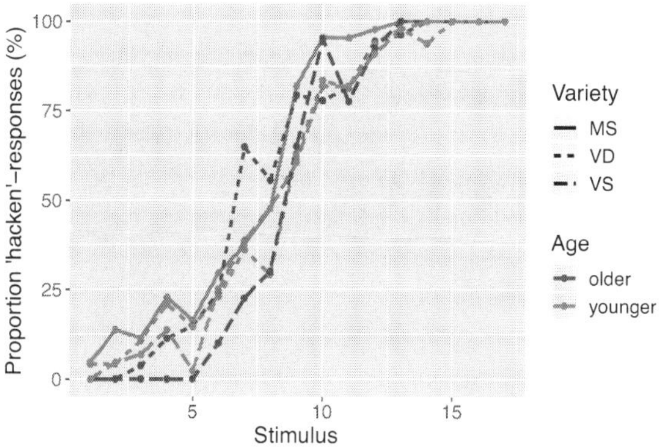

Figure 4: Response curves to the Hagen – hacken continuum aggregated across listeners' responses within one group separately for older (black) and younger (light grey) Viennese dialect (VD) and standard (VS) speakers as well as younger speakers of the Munich standard (MS) variety.

of the Viennese standard variety and that of the Viennese ECB variety. It is therefore in line with the findings described in Moosmüller and Brandstätter (2014). The result further suggests that the observation of a merger between V:C: type and VC: type sequences in Kisler and Kleber (2019) must have been due to the vast majority of ECB speakers from other Austrian regions than Vienna.

Second, both Viennese varieties showed, on the one hand, similar ratio values in V:C: type sequences that were, on the other hand, in between those of German standard speakers (showing the highest values) and those of younger WCB speakers (showing the lowest values). This again suggests (a) a greater standard-dialect divide for the two German varieties than for the two Viennese varieties and (b) that dialectal traces of Pfalz's law are still visible in the temporal organization of V:C: type sequences in all groups of Viennese speakers (and WCB speakers for that matter). Only the two German varieties differed significantly in the V/(V+C) ratio of V:C: type sequences, with MS speakers showing values similar to those of northern German speakers (cf. Kohler, 1979) and WCB speakers showing the greatest tendency towards vowel shortening before fortis stops (i.e., the /a:/ in *Haken*, for example, became more [a]-like though not as short as in *hacken*). Although vowel shortening before fortis stops is not per se predicted for Central Bavarian varieties (given the free variation), the lower V/(V+C) ratios are in line with one of two possibilities of the Central Bavarian phonology, namely that of vowel shortening before fortis stops (instead of stop lenition after long vowels as in e.g. /fˈɒd̥ɐ/, 'father', the other possibility).[9] This pattern – which is in accordance with the observations in Kisler and Kleber (2019) – indicates a bias towards adjusting vowel duration and not that of the stop. Taken together this can then be taken as tentative support in favour of phonemic stop length (cf. e.g. Wiesinger, 1990; Seiler, 2005). In any case, the intermediate Viennese values can be interpreted as representing remnants of this more dialectal ECB pattern as described on the basis of auditory judgements (e.g. Pfalz, 1913; Wiesinger, 1990) and acoustic analyses (Kisler & Kleber, 2019).

Third, although the two Viennese varieties did not differ in the temporal implementation of V:C: type sequences, they did so in the degree of temporal contrast between V:C: type sequences, on the one hand, and VC: type sequences, on the other. Speakers of the Viennese dialect realized VC: type sequences with higher V/(V+C) ratios than speakers of the Viennese standard variety, thereby minimizing the difference between ratio values of V:C: type and VC: type sequences in the former compared to the latter group. That is, dialectal differences between Viennese speakers of the standard variety and the dialect, respectively emerged in the analyses, but not in terms of the implementation of V:C: sequences but in that of VC: sequences and – as a result of this – in the degree to which the contrast is pronounced. Our findings for Viennese variety differences regarding the V/(V+C) ratios in particular in VC: type sequences differ from those described in Moosmüller and Brandstätter (2014), where group difference were more apparent in V:C: type than in VC: type sequences. Under the assumption of the possibility of lexically dependent vowel shortening and stop lenition, this between-study difference may then be related to the different words investigated in the present and the 2014 study, respectively. Further, although Moosmüller and Brandstätter did not directly investigate the degree to which the contrast between V:C: type and VC: type sequences was implemented by means of the V/(V+C) ratio, a visual inspection of Fig. 6 in their article suggests a less pronounced contrast in the VD speakers compared to the Viennese standard speakers (Moosmüller & Brandstätter, 2014: 91).

Our findings from this cross-linguistic study furthermore showed that, as opposed to speakers of the Viennese standard variety, speakers of the ECB Viennese dialect did not differ from WCB speakers in the degree of temporal contrast between the two sequence types with fortis stops. This then fourthly supports retrospectively the more general validity of Pfalz's

[9] Note, however, the possibility of vowel shortening being lexically dependent.

law in various Central Bavarian varieties that is still present in the form of traces of Pfalz's law.

The perception test showed that all groups divided the *Hagen-hacken* continuum into two perceptually clearly distinct categories, but apart from that revealed no group differences either between varieties or between generations. This suggests that Viennese listeners' perceptual category boundaries along such a V/(V+C) ratio continuum simply fall in the same range of V/(V+C) ratio values as that of MS listeners. These results extend the findings for the Viennese standard variety reported in Klingler et al. (2019) in that they show that Viennese dialect speakers do not differ from Viennese standard speakers (and Munich standard speakers for that matter) in their perceptual categorization of the three-way contrast between V:C type, V:C: type and VC: type sequences, although they differ in production. For the following reasons we will not discuss this mismatch between group differences in production, on the one hand, and no such differences in perception, on the other, in terms of implications for a sound change in progress (as alluded to in the SPECIFIC AIMS AND HYPOTHESES section above). First, the production results did not support the idea of a sound change in progress in the form of age differences within groups (discussed in more detail below). Second, although previous findings for a very similar continuum and an identical task showed significant regional and age group differences in the 2AFC responses to a *Hagen-hacken* continuum (encompassing *Haken*) based on the same model talker's production (Kleber, 2017), the paradigm of applying a 2AFC task to a three-way contrast with the prediction of a greater bias towards a regional variant (e.g. a *hacken-p*ercept of a *Haken*-like stimulus) may have disguised potential perceptual group differences in the present study because the regional differences in production only emerged in the form of a diminished ratio contrast between V:C: type and VC: type sequences but not in the ratio values for V:C: type sequences. In the light of the present findings for speech production future studies should directly test the contrast between V:C: type and VC: type sequences given that differences between Viennese groups were greatest for this contrast.

Except for the trend towards a greater right-skewed distribution of V:C: type sequences in the uncorrected data of older VD speakers in Fig. 2, none of the analyses of both the production and the perception data supported the original idea that – based on the results in Moosmüller and Brandstätter (2014) and on the assumption of a general trend towards dialect levelling in German varieties (Wagener, 2002; Lameli, 2004; Bukmaier et al., 2014; Harrington et al., 2012) – younger Viennese dialect speakers behaved more standard like than older Viennese dialect speakers. Thus, the results, lastly, do not indicate a sound change in progress regarding the temporal organization of vowel+stop sequences either in the Viennese dialect or the Viennese standard variety. A first interpretation of this finding would be that we are observing mere variety differences, with each variety representing a stable system of its own. Our finding does not contradict in principle the result in Moosmüller and Brandstätter (2014) as we only analysed the V/(V+C) ratio (for reasons to do with providing a combined measure of the quantity relations in vowel+stop sequences) and not the absolute durations, for which the previous study found age group differences. But the present study does not arrive at the same general conclusion that younger Viennese standard speakers behaved more like German speakers of the German standard variety as put forward in the previous analysis (see also Schmid & Moosmüller, 2017).

Another potential explanation for the non-emerging age effects in the Viennese varieties might be that the change from a two-way contrast to a three-way contrast, in which the strict pattern of complementary length in Pfalz's law has been suspended, is already complete. Such a view is based on the very general assumption that Pfalz's law must have applied to the varieties spoken in the city of Vienna at some point (as stated e.g. in Koekkoek, 1953). Belated acoustic support for this idea comes from the present study in the form of the intermediate V/(V+C) ratio values found in all Viennese speakers' realization of V:C: type sequences and the diminished V:C: –VC: contrast in the Viennese dialect. The latter observation may then be taken to suggest that the change may have started in the Viennese standard speakers, where it was still observable as apparent-time differences in absolute durations in Moosmüller and Brandstätter (2014). It remains to be seen whether Viennese dialect speakers will eventually realize the vowel length contrast before fortis stops like (Viennese) standard speakers.

Yet another explanation – that draws less on the observed temporal patterns – is that the general trend for dialect levelling currently observable in the studies mentioned above may not be so pronounced in Austria as it appears to be the case for Germany. With the exception of the studies by Moosmüller and Brandstätter (2014) and Schmid and Moosmüller (2017), where the observations for age group differences were indeed not very pronounced, all of the studies above are on regional varieties spoken in Germany. These in turn may not allow for generalizations to German varieties spoken outside Germany, although the prerequisite for dialect levelling, increasing contact with another variety (often the standard), can be assumed for Austrian varieties as well, given increasing speaker mobility and the influence of the media, etc. Of course, it cannot be ruled out that Austrian varieties such as the Viennese dialect level out at other varieties than the German standard variety. But this is yet another question to be addressed in future studies, preferably in tandem with – as stated above – refined perception experiments that would then test more directly the relation between production and perception during dialect-levelling induced sound changes (Kleber et al., 2012; Pinget, 2015; Coetzee et al., 2018).

One of the main conclusions from this study therefore is that speakers of the ECB Viennese dialect do not show the same levelling tendencies as observed for speakers of WCB varieties (Kleber, 2017; Kisler & Kleber, 2019). This may be, of course, a mere regional difference: while Pfalz's law of complementary length in Bavarian vowel+stop sequences is still more pronounced in WCB speakers (despite the levelling tendencies mentioned above), it has already given way to a three-way system in Viennese varieties. Another likely and perhaps additional (i.e. not necessarily contradictory) explanatory factor for the observed greater standard-dialect divide in German compared to Austrian varieties lies in the very fundamental difference of all Austrian dialect speakers in the study stemming from the city of Vienna and all German dialect speakers stemming from the rural surrounds of Munich. That is, the greater standard-dialect divide may also be a consequence of an urban-rural divide present in the German but not the Austrian data. The study nevertheless very clearly shows the existence of long vowel + fortis stop sequences in Viennese varieties just as first described in the study by Moosmüller and Brandstätter (2014).

REFERENCES

Bannert, Robert. 1976. *Mittelbairische Phonologie auf akustischer und perzeptorischer Grundlage*. Ph.D. dissertation, Lund University.

Boersma, Paul and Weenik, David. 2017. Praat: Doing phonetics by computer [Computer program]. Version 6.0.24. Available online: http://www.fon.hum.uva.nl/praat/, last accessed 08.11.2019.

Brinckmann, Caren, Kleiner, Stefan, Knöbl, Ralf, and Berend, Nina. 2008. German today: An areally extensive corpus of spoken standard German. *Proceedings of the 6th International Conference on Language Resources and Evaluation (LREC), Marakech*, 3185–3191.

Bukmaier, Véronique, Harrington, Jonathan, and Kleber, Felicitas. 2014. An analysis of post-vocalic /s-ʃ/ neutralization in Augsburg German: Evidence for a gradient sound change. *Frontiers in Psychology* 5, Article 828.

Coetzee, Andries W., Beddor, Patrice Speeter, Shedden, Kerby, Styler, Will, and Wissing,

Daan. 2018. Plosive voicing in Afrikaans: Differential cue weighting and tonogenesis. *Journal of Phonetics* 66, 185–216.

Eger, Nikola A. and Reinisch, Eva. 2019. The impact of one's own voice and production skills on word recognition in a second language. *Journal of Experimental Psychology: Learning, Memory, and Cognition* 45, 552–571.

Harrington, Jonathan, Kleber, Felicitas, and Reubold, Ulrich. 2013. The effect of prosodic weakening on the production and perception of trans-consonantal vowel coarticulation in German. *The Journal of the Acoustical Society of America* 134, 551–561.

Hinderling, Robert. 1980. Lenis und Fortis im Bairischen. Versuch einer morphophonemischen Interpretation. *Zeitschrift für Dialektologie und Linguistik* 47, 25–51.

Kisler, Thomas and Kleber, Felicitas. 2019. Zur Validität automatisch segmentierter Daten: Eine akustische Analyse der mittelbairischen Lenisierung im *Deutsch Heute*-Korpus. Sebastian Kürschner, Mechthild Habermann, Peter O. Müller (ed.), *Methodik moderner Dialektforschung: Erhebung, Aufbereitung und Auswertung von Daten am Beispiel des Oberdeutschen.* Hildesheim: Olms. (Germanistische Linguistik ; 241–243)

Kisler, Thomas, Reichel, Uwe D., and Schiel, Florian. 2017. Multilingual processing of speech via web services. *Computer Speech & Language*, 45, 326–347.

Kleber, Felicitas. 2017. Complementary length in vowel-consonant sequences: Acoustic and perceptual evidence for a sound change in progress in Bavarian German. *Journal of the International Phonetics Association*, 1–22. Available online: DOI: https://doi.org/10.1017/S0025100317000238, last accessed: 08.11.2019.

Kleber, Felicitas, Harrington, Jonathan, and Reubold, Ulrich. 2012. The relationship between the perception and production of coarticulation during a sound change in progress. *Language and Speech* 55, 383–405.

Klingler, Nicola, Kleber, Felicitas, Jochim, Markus, Pucher, Michael, Schmid, Stephan, and Zihlmann, Urban. 2019. Temporal organization of vowel plus stop sequences in production and perception: Evidence from the three major varieties of German. *Proceedings of the 19th International Congress of Phonetic Sciences (ICPhS), Melbourne*, 825– 829.

Koekkoek, Byron J. 1953. *Phonetik und Phonologie des Wiener Dialektes*. PhD thesis, University of Vienna.

Kohler, Klaus J. 1979. Dimensions in the perception of fortis and lenis plosives. *Phonetica* 36, 332–343.

Labov, Wiliam. 1994. *Principles of language change: Internal factors.* Oxford: Blackwell.

Lameli, Alfred. 2004. Hierarchies of dialectal features in a diachronic view: Implicational scaling of real time data. In: Britt-Louise Gunnarsson (ed.), *Language variation in Europe: Papers from the 2nd International Conference on Language Variation in Europe* (ICLaVE 2), 253–266.

Moosmüller, Sylvia. 1984. *Soziale und psychosoziale Sprachvariation: eine quantitative und qualitative Untersuchung zum gegenwärtigen Wiener Deutsch.* PhD Thesis, University of Vienna.

Moosmüller, Sylvia. 1987. Soziophonologische Variation bei österreichischen Politikern. *Zeitschrift für Germanistik* 4, 429–439.

Moosmüller, Sylvia. 1996. Die österreichische Variante der Standardaussprache. In: Eva-Maria Krech and Ulrich Püschel (eds.), *Beiträge zur deutschen Standardaussprache.*

Hanau/Halle: Dausien, 204–214.

Moosmüller, Sylvia. 2015. The interaction of temporal organization and phonotactics: Resyllabification in three varieties of German. *Italian Journal of Linguistics* 27, 111–132.

Moosmüller, Sylvia. 2016. The strength of stereotypes in the production and perception of the Viennese dark lateral. In: Jennifer Cramer and Chris Montgomery (eds.), *Cityscapes and Perceptual Dialectology: Global perspectives on non-linguists' knowledge of the dialect landscape.* Boston/Berlin: de Gruyter Mouton, 121–138.

Moosmüller, Sylvia and Brandstätter, Julia. 2014. Phonotactic information in the temporal organization of Standard Austrian German and the Viennese dialect. *Language Sciences* 46, 84–95.

Moosmüller, Sylvia and Ringen, Catherine. 2004. Voice and aspiration in Austrian German plosives. *Folia Linguistica* XXXVIII/1–2, 43-62.

Moosmüller, Sylvia and Scheutz, Hannes. 2013. Chain shifts revisited: The case of Monophthongisation and E-confusion in the city dialects of Salzburg and Vienna. In: Peter Auer, Caro Reina, Javier, and Kaufmann, Göz (eds.), *Language variation - European Perspectives IV.* Amsterdam: Benjamins, 173–186.

Moosmüller, Sylvia, Schmid, Carolin, Brandstätter, Julia. 2015. Standard Austrian German. *Journal of the International Phonetic Association* 45, 339–348.

Pfalz, Anton. 1913. *Die Mundart des Marchfeldes.* Wien: Hölder. (Sitzungsberichte der kaiserlichen Akademie der Wissenschaften in Wien. Philosophisch-historische Klasse, vol. 170, 6th Abhandlung)

Pinget, Anne-France. 2015. *The actuation of sound change.* Utrecht: LOT.

R Core Team. 2019. *R: A language and environment for statistical computing.* R Foundation for Statistical Computing, Vienna, Austria. URL https://www.R-project.org/, last accessed 27.11.2019.

RStudio Team. 2018. *RStudio: Integrated Development for R.* RStudio, Inc., Boston, MA URL http://www.rstudio.com/, last accessed 27.11.2019.

Rowley, Anthony. 1990. North Bavarian. In: Charles V. J. Russ (ed.), *The dialects of Modern German. A linguistic survey.* London: Routledge, 417–437.

Schmid, Carolin and Moosmüller, Sylvia. 2017. An acoustic comparison between stressed and unstressed vowels in Standard Austrian German and Standard German German. In: Sylvia Moosmüller, Carolin Schmid, Manfred Sellner (eds.), *Phonetik in und über Österreich.* Wien: Verlag der Österreichischen Akademie der Wissenschaften, 45–59.

Seiler, Guido. 2005. On the development of the Bavarian quantity system. *Interdisciplinary Journal of Germanic Linguistic and Semiotic Analysis* 10, 103–129.

Wagener, Peter. 2002. German dialects in real time change. *Journal of Germanic Linguistics* 14, 271–285.

Wiesinger, Peter. 1990. The Central and Southern Bavarian Dialects. In: Charles V. J. Russ (ed.), *The dialects of Modern German. A linguistic survey.* London: Routledge, 438–519.

Winkelmann, Raphael, Harrington, Jonathan, and Jänsch, Klaus. 2017. EMU-SDMS: Advanced speech database management and analysis in R. *Computer Speech & Language* 45, 392–410.

Die Ausbreitung des Wiener velarisierten Laterals: ein Vergleich Wien - Neunkirchen[1]

MICHAELA RAUSCH-SUPOLA[2],
SYLVIA MOOSMÜLLER (†), HANNAH LEYKUM[2],
CAROLIN SCHMID[2] UND JAN LUTTENBERGER[2]

Abstract. Our study focuses on the production of the velarized lateral in Vienna and Neunkirchen. The velarized lateral is characteristic of the Viennese Dialect and we investigated whether it spreads to Lower Austria to the south along highly frequented traffic routes to Neunkirchen (about 70 kilometers away from Vienna). Results show that also in Neunkirchen laterals are velarized, by men as well as by women.

1 EINFÜHRUNG

Im Wiener Dialekt existiert neben dem stimmhaften alveolaren Lateralapproximanten noch eine velarisierte Variante, die sich vermutlich in der ersten Hälfte des 20. Jahrhunderts stabilisiert hat: Luick (1904) hat sie noch nicht erwähnt, von Koekkoek (1955) und Walls (1976) hingegen wird sie bereits beschrieben. Mittlerweile gilt der velarisierte Lateral als charakteristisch für den Wiener Dialekt und wird sozial negativ bewertet, somit in bestimmten Situationen, besonders in prosodisch salienten Positionen, unterdrückt. Diese durch soziopsychologische Faktoren beeinflusste Verwendung deutet darauf hin, dass es sich um eine freie Variante des alveolaren Laterals handelt.

Einige phonetische Untersuchungen zum Englischen haben gezeigt, dass die Velarisierung phonetisch bedingt ist und graduell verläuft (Huff-

[1] Diese Studie entstand im Rahmen des Projekts „Soziolekte in Wien - die mittelbairischen Varietäten“ als Pilotstudie, mit dem Ziel, einen ersten Eindruck vom Sprachgebrauch des Mittelbairischen außerhalb von Wien zu erhalten. Da zum Zeitpunkt der Datenerhebung im Jahr 2015 noch kaum andere aktuelle Sprachdaten zur Verfügung standen, sind die Ergebnisse als ein erster explorativer Zwischenschritt in der Erforschung der Laterale im zeitgenössischen Mittelbairisch zu betrachten. Sylvia Moosmüllers Arbeit soll mit der Veröffentlichung dieser Pilotstudie, welche im Rahmen dieses Projektes die letzte Studie war, an der sie noch mitarbeiten konnte, gewürdigt werden.

[2] Institut für Schallforschung, Österreichische Akademie der Wissenschaften

man 1997, Recasens 2012, Sproat und Fujimura 1993). Sproat und Fujimura (1993) beobachteten, dass der zeitliche Ablauf der apikalen und dorsalen Gesten bei der Lateralproduktion asynchron abläuft, und daher die silbeninitialen und silbenfinalen Laterale phonetisch vorhersagbar sind, somit keine Annahme der Allophonie notwendig ist (Sproat und Fujimura 1993, S. 308). Viel wahrscheinlicher ist ihrer Meinung nach, dass die apikale (= konsonantische) Geste mit der silbeninitialen und die dorsale (= vokalische) Geste mit der silbenfinalen Position im Wort gekoppelt ist. Die dorsale Geste wird als vokalisch bezeichnet, da sie im Vokaltrakt keine radikale Verengung verursacht (Sproat und Fujimura 1993, S. 304). Dadurch liefern die Autoren eine phonetische Erklärung für die häufig in Kodapositionen auftretende Velarisierung und Vokalisierung des Laterals.

Moosmüller et al. (2016) berichten ein variables Bild für Frauen und Männer: Frauen in Wien velarisieren kaum, selten treten velarisierte Laterale in unbetonten, wortfinalen Positionen auf. Die Männer in Wien hingegen velarisieren sowohl wortinitial als auch wortfinal. Allerdings ist ein Auftreten des velarisierten Laterals in der akustisch prominenten wortinitialen Position etwas weniger wahrscheinlich, da er dort aus soziopsychologischen Gründen unterdrückt wird, während er in wortfinaler Position deutlich häufiger vorkommt. Dies spricht für ein velarisiertes Lateralphonem, das mithilfe einer Input-Switch-Regel durch einen alveolaren Lateral wortinitial ersetzt werden kann (aus [ˈɫɔsd̥vɔːŋ] „Lastwagen“ wird [ˈlɔsd̥vɔːŋ]). Im Kontext vorderer Vokale ist die Realisierung des alveolaren Laterals bedingt durch einen phonetisch motivierten phonologischen Prozess. Das Auftreten eines alveolaren Laterals wortfinal ist auf die Unterdrückung der /l/-Vokalisierung in nicht ursprünglich dialektalen Wörtern zurückzuführen, wobei das gesamte Lexem mit einer Input-Switch-Regel ersetzt wird ([hoˈtɛl] statt [hoˈtœː] „Hotel“, vgl. Moosmüller et al., 2016). Während bei Männern der Prozess der Velarisierung sowohl kategorisch (Input-Switch-Regel) als auch graduell (phonetisch bedingt) geschieht, ist er für Frauen nur graduell.

Trotz der eingangs erwähnten negativen Bewertung des Wiener Dialekts (vgl. Moosmüller 1987, 1991) übt Wien als bei Weitem größte Stadt Österreichs und politisches sowie kulturelles Zentrum des Landes einen bedeutenden Einfluss auf den Sprachgebrauch im niederösterreichischen Umland und darüber hinaus aus (vgl. Wiesinger 1990, Scheuringer 1990). Dies führt dazu, dass Merkmale aus Wien von den angrenzenden Dialekten übernommen werden. Beispielswiese berichtet schon Kranzmayer (1956) von der Ausbreitung der Diphthonge /aɛ̯/ und /ɑɔ̯/ in den niederösterreichischen Basisdialekt, was inzwischen anhand neuerer Erhebungen bestätigt werden kann (Vergeiner et al. in prep.)

In Analogie dazu gehen wir in unserer Studie der Frage nach, ob sich der velarisierte Lateral als salientes Merkmal des Wiener Dialekts nach Neunkirchen ausgebreitet hat, und, wenn ja, ob er in den gleichen Positionen und Lautumgebungen auftritt wie in Wien, und welche Prozesse dabei eine Rolle spielen.

1.1 Der Wiener velarisierte Lateral

Analysen (Moosmüller 2010, Schmid et al. 2017, S. 104) zeigten, dass in Wien der velarisierte Lateral vermehrt an folgenden Positionen auftritt:

- wortinitial
- nach alveolaren und postalveolaren Obstruenten
- intervokalisch zwischen hinteren Vokalen
- final in Diminutiven auf <–erl>

Der velarisierte Lateral kommt nicht nach bilabialen oder velaren Obstruenten vor (Moosmüller et al. 2016, S. 492; Schmid et al. 2017, S. 104). Silbenfinal wird im mittelbairischen Dialektgebiet der Lateral vokalisiert, eine Ausnahme bildet hierbei das Diminutivsuffix <–erl>, wodurch die finale Position zu einer möglichen Realisierungsposition für den velarisierten Lateral wird.

Das Auftreten des velarisierten Laterals in Wien ist von sozialen Faktoren bedingt, was als typisch für städtische Bereiche gilt: Labov (2001) schreibt, dass Varietäten in ländlichen Gebieten mehr geografisch als sozial bedingt sind, während in städtischen Bereichen eher soziale Ursachen wie Zugehörigkeit, Herkunft, Geschlecht eine Rolle spielen. Im Fall von Wien wird der velarisierte Lateral vermehrt von Personen über 40 Jahren in niederen sozialen Schichten verwendet und sozial sehr negativ bewertet, während er von jüngeren Personen gemieden wird, da diese häufig in einer dialektbasierten Standardvarietät erzogen werden. Die negative Bewertung führt zu einer Unterdrückung des velarisierten Laterals in formellen Situationen, allerdings nicht in allen Wortpositionen gleichermaßen (Moosmüller 2012, 2016).

1.2 Artikulation und Akustik des velarisierten Laterals

Der velarisierte Lateral ist einerseits charakterisiert durch einen apikal-dentalen Kontakt und andererseits durch eine sekundäre velare oder pharyngale Verengung (s. Abb. 1). Sproat und Fujimura (1993) nehmen für alle Laterale zwei grundlegende Bewegungskomponenten an: eine Rückwärtsbewegung und Senkung des Zungenrückens, und eine Vorwärtsbewegung der Zungenspitze. Die dorsale Geste charakterisieren sie als vokalisch, die apikale Geste als konsonantisch (vgl. Kapitel 1.1). Diese beiden Gesten laufen asynchron ab: Bei silbeninitialen Lateralen geht die konsonantische der dorsalen Geste voraus und erreicht ihr Maximum früher, bei silbenfinalen Lateralen geht die dorsale Geste der konsonantischen voraus, beim velarisierten Lateral ist die dorsale Geste aber ausgeprägter.

Der wesentliche akustische Unterschied des velarisierten Laterals zum alveolaren Lateral liegt in der Frequenz des zweiten Formanten, der den Velarisierungsgrad repräsentiert (Carter und Local 2007, Recasens 2012). In Tabelle 1 sind die Formantwerte der beiden Lateralvarianten veranschaulicht.

Tabelle 1: Durchschnittliche Formantwerte des alveolaren und velarisierten Laterals (Schmid et al. 2017, S. 105)

	alveolar	velarisiert
F1	~ 250 Hz	~ 450 Hz
F2	~ 1300 – 1500 Hz	~ 1000 – 1200 Hz
F3	~ 2100 – 2300 Hz	~ 2800 Hz

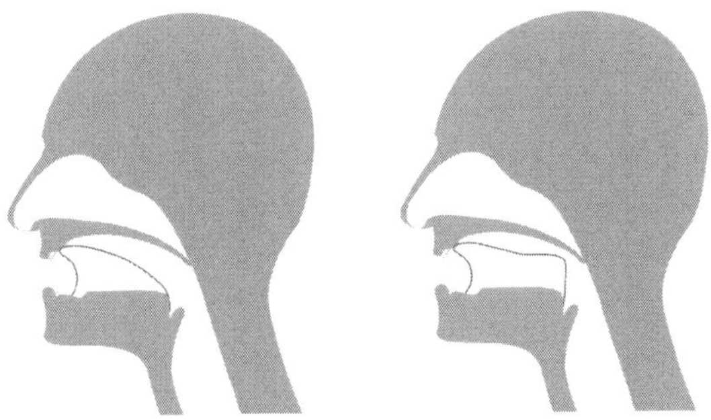

Abbildung 1: Darstellung eines alveolaren (links) und velarisierten Laterals (rechts) im Sagittalschnitt

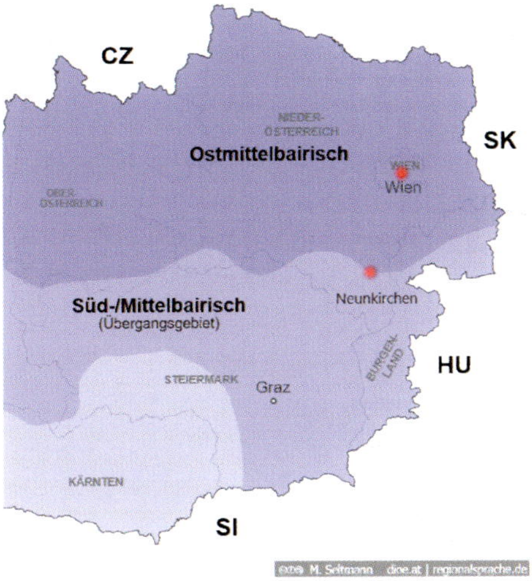

Abbildung 2: Neunkirchen und Wien in
den österreichischen Dialektgroßlandschaften
(Melanie Seltmann Creative Commons, bearbeitet)

1.3 Dialektgeografische Lage von Wien und Neunkirchen

Gängigen Einteilungen der deutschen Dialekte folgend (vgl. z. B. Wiesinger 1983) gilt Wien innerhalb des bairischen Sprachraums als Zentrum des Ostmittelbairischen, das sich entlang des Donauraumes bis nach Oberösterreich erstreckt. Nach Süden hin geht das Mittelbarische im Burgenland, der Steiermark und dem südlichen Niederösterreich ins Südmittelbairische über. Genau an der Grenze zwischen Mittelbairisch und Südmittelbairisch, ca. 70 Kilometer südlich von Wien entfernt, liegt die Stadt Neunkirchen (vgl. Abb. 2). Sprachhistorisch dem Südmittelbairischen zugerechnet (etwa Kranzmayer 1956, Wiesinger 1983), bemerkt schon der Germanist Willibald Nagl im ausgehenden 19. Jahrhundert, dass sich die Sprache der Stadt Neunkirchen vom Dialekt der umgebenden Orte abhebt. Hierbei nennt er explizit das „Fabriksvolk" (im Gegensatz zu den „schriftsprachlichen Bürgern" und den „Bauern"), das sich einer eigenen sprachlichen Varietät bedient (Nagl 1983 [1895]). Nagl macht dies an der (sehr salienten) Aussprache von mittelhochdeutsch -ei- fest, wofür im Standarddeutschen /aɛ̯/, im mittelbairisch-niederösterreichischen Basisdialekt /oɐ̯/ und im Stadtdialekt von Neunkirchen (wie in Wien) /aː/ gilt, zum Beispiel /haɛ̯s/ - /hoɐ̯s/ - /haːs/ für „heiß".3 Zum Zeitpunkt

[3] Für eine detaillierte Beschreibung des Phänomens siehe Wiesinger (2001).

dieser Beobachtungen war Neunkirchen bereits seit fast drei Jahrzehnten durch die Südbahn an Wien angebunden (Eröffnung des Bahnhofs 1837, Harather 2019, S. 118). Außerdem entstanden in Neunkirchen bereits ab 1802 zahlreiche Fabriken (vgl. ebd., S. 99–116). Der neue Arbeitskräftebedarf führte zu einem enormen Bevölkerungswachstum und zur Entstehung einer Schicht arbeitender Bevölkerung (ebd., S. 123–125). Ähnlich wie in Wien setzte sich diese neue Gesellschaftsschicht neben der lokalen Bevölkerung auch aus eingewanderten Arbeitskräften aus verschiedenen Teilen der damaligen Donaumonarchie zusammen. Es liegt nahe, anzunehmen, dass diese Entwicklung eine Ausbreitung von „Wiener" Sprachmerkmalen wie des velarisierten Laterals förderte, die mit verstärktem Zuzug vor allem aus den damaligen Kronländern Böhmen und Mähren in Verbindung gebracht wird (vgl. Kranzmayer 1953).

2 HYPOTHESEN

Die Ergebnisse aus den Studien von Schmid et al. (2017) und Moosmüller et al. (2016) über Wien zeigen, dass die velarisierte Variante des Laterals von Frauen bedeutend seltener verwendet wird als von Männern. In perzeptuell salienten Positionen wird die Verwendung des velarisierten Laterals unterdrückt und eine wortfinale Position begünstigt die Velarisierung (Schmid et al. 2017). Zudem wird der velarisierte Lateral eher von älteren Personen über 40 Jahren verwendet, da jüngere Generationen bereits eine an den Standard angenäherte Variante sprechen (Moosmüller 2012). Im Folgenden formulieren wir für Neunkirchen folgende Hypothesen:

1. Der velarisierte Lateral breitet sich nach Niederösterreich entlang verkehrsreicher Straßen aus und tritt auch bei Sprechern und Sprecherinnen in Neunkirchen, das am südlichen Ende Niederösterreichs, also nahe an der Grenze zur Steiermark liegt, auf.
2. Die Velarisierung des Laterals geschieht in den gleichen Positionen im Wort wie in Wien.
3. Der velarisierte Lateral wird von Männern häufiger verwendet als von Frauen; von älteren SprecherInnen wird er häufiger verwendet als von jüngeren.
4. Wir erwarten, dass der velarisierte Lateral eher in Kodapositionen und zwischen hinteren Vokalen auftritt (Schmid et al. 2017, Moosmüller et al. 2016, Sproat und Fujimura 1993).
5. Die Anwendung einer Input-Switch-Regel in initialer Wortposition bei Männern in Neunkirchen ist aufgrund des selteneren Kontakts mit Standardvarietäten nicht zu erwarten.

3 METHODIK

Um die Daten aus Neunkirchen mit den Daten aus Wien vergleichen zu können, lehnt sich die Methodik dieser Studie eng an die Studien von Moosmüller et al. (2016) und Schmid et al. (2017) an, die die Verwendung des velarisierten Laterals im Wiener Dialekt untersuchten.

Das Korpus aus Neunkirchen besteht aus Aufnahmen von sieben Gewährspersonen (drei Sprecher, vier Sprecherinnen), die für die Auswertung in eine ältere Gruppe über 50 Jahre und eine jüngere Gruppe unter 25 Jahren aufgeteilt wurden (s. Tab. 2 für genauere Informationen zu den SprecherInnen).

Tabelle 2: Übersicht über aufgenommene Gewährspersonen

	p378	*p377*	*p374*	*p373*	*p375*	*p376*	*p379*
Alter	*>50j.*	*>50j.*	*>50j.*	*>50j.*	*<25j.*	*<25j.*	*<25j.*
Geschlecht	m	m	m	w	w	w	w
Matura[4]	nein	nein	ja	ja	ja	ja	ja
Kontakt nach Wien	nein	Arbeit	Studium	Studium	nein	nein	nein

Als Material zur Gewinnung der Lateralrealisierungen dienten 128 dialektale Einzelsätze, die von allen SprecherInnen vorgelesen wurden. Die Sätze wurden in Anlehnung an die deutsche Standardorthografie nach der erwarteten dialektalen Lautung verschriftet. Die Aufnahmen wurden segmentiert, annotiert und mittels der Software STx (Noll et al. 2019) akustisch analysiert. Die konsonantisch realisierten Laterale wurden manuell segmentiert. Der zweite Formant als Velarisierungsmarker (berechnet mittels Linear Prediction Coding LPC, Fensterlänge 46 ms, Überlappung 95 %) wurde über die Dauer des Segments extrahiert.

Die Formantwerte wurden manuell überprüft, und, falls nötig, manuell korrigiert. Anschließend wurden sie über die Dauer des Segments gemittelt und stellten die Grundlage der statistischen Analysen dar. Darüber hinaus wurden die Segmentdauer sowie die Information bezüglich der Betonung (Vorkommen in betonter oder unbetonter Silbe), der Position im Wort (initial, medial, final) und des phonetischen Kontextes vor und nach dem Lateral extrahiert bzw. annotiert. Insgesamt wurden 329 Laterale untersucht (145 Vorkommen von Sprechern, 184 Vorkommen von Sprecherinnen).

[4] Entspricht dem Abitur in der Bundesrepublik Deutschland; wird zumeist im Zuge des Besuchs einer allgemeinbildenden höheren Schule (AHS, Gymnasium) oder Handelsakademie erreicht.

Statistische Analysen wurden mit dem Programm R ausgeführt (R Core Team 2016). Aufgrund der unausgeglichenen Datenlage war die Berechnung komplexer statistischer Modelle nicht möglich und wir beschränkten uns auf deskriptive Statistik und die Berechnung von t-Tests und Varianzanalysen (wenn nötig, gefolgt von Tukey-Post-hoc-Tests). Zwischen der Dauer und der Formantfrequenz wurden Korrelationen (Pearson‘s product-moment correlation) berechnet.

Für die Auswertung wurden die Laterale als velarisiert eingestuft, wenn die Frequenz des zweiten Formanten weniger als 1300 Hertz betrug. Als alveolar wurden sie eingestuft, wenn die Frequenz über 1350 Hertz lag (angelehnt an Recasens, 2012). Diese Einteilung führte dazu, dass neun Prozent der Laterale in keine der beiden Gruppen fielen.

4 Ergebnisse

Zunächst wird ein allgemeiner Überblick über die Vorkommen der Laterale gegeben, um dann auf die Werte des F2 in Abhängigkeit der Variablen Betonung, Position im Wort, Phonemumgebung und Dauer einzugehen, jeweils im Vergleich zu den Ergebnissen aus der Wiener Dialektstudien von Moosmüller et al. (2016) bzw. Schmid et al. (2017). Tabelle 3 zeigt eine genaue Aufteilung der Laterale anhand des Kontextes.

Tabelle 3: Anzahl der realisierten Laterale, aufgetrennt nach Kontext (v = Vorderzungenvokal, h = Hinterzungenvokal, k = Konsonant (post-)alveolar, # = initial oder final

Position	*Betonung*					*Phonemkontext*								
		vv	vh	vk	v#	hv	hh	hk	h#	kv	kh	k#	#v	#h
initial	unbetont													
	betont	14	21			25	11			21	20		1	6
medial	unbetont		1			7				7	5			
	betont		13			41	32			7	25			
final	unbetont				1	22	5		31			13		
	betont													

4.1 Globale Verteilung von F2

Abbildung 3 zeigt die globale Verteilung von F2 in Neunkirchen, Abbildung 4 im Vergleich dazu die Verteilung in Wien. Anhand dieser Grafiken kann man gut erkennen, dass der Übergang von einer Lateralvariante zur anderen graduell verläuft und nicht kategorisch ist. Der Mittelwert des F2 beträgt in Neunkirchen bei den Männern 1162 Hertz, bei den Frauen ist er deutlich höher und beträgt 1463 Hertz. In Wien betragen diese Werte bei den Männern 1300 Hertz, bei den Frauen 1600 Hertz. Die Frauen bevorzugen in beiden Städten die alveolare Variante. Wie zu erwarten, sind die Unterschiede des Geschlechts in beiden Städten statistisch signifikant (Neunkirchen p < 0,001; Wien p < 0,001; Schmid et al. 2017, S. 11).

Bei der Unterteilung der Laterale in eine velarisierte (F2 <= 1300 Hz) und eine alveolare (F2 >= 1350 Hz) Gruppe werden geschlechtsspezifische und ortsspezifische Unterschiede deutlich. Man kann anhand der Daten aus Neunkirchen erkennen, dass die produzierten Laterale der Frauen nur zu etwa 25 Prozent velarisiert wurden (F2 <= 1300 Hz), während die Männer nur ca. 22 Prozent alveolar und zu 68 Prozent velarisiert realisierten.

In Wien realisierten die Männer ungefähr die Hälfte der Laterale velarisiert (47 %, alveolar 41 %), bei den Frauen belief sich der Anteil auf nur neun Prozent (alveolar 87 %). Somit kann man hier bereits erste Tendenzen in die Richtung ablesen, dass in Neunkirchen beide Geschlechter mehr velarisierte Laterale produzierten als die SprecherInnen in Wien.

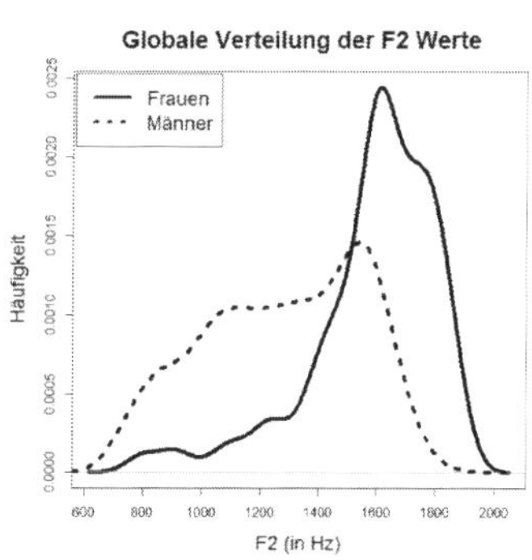

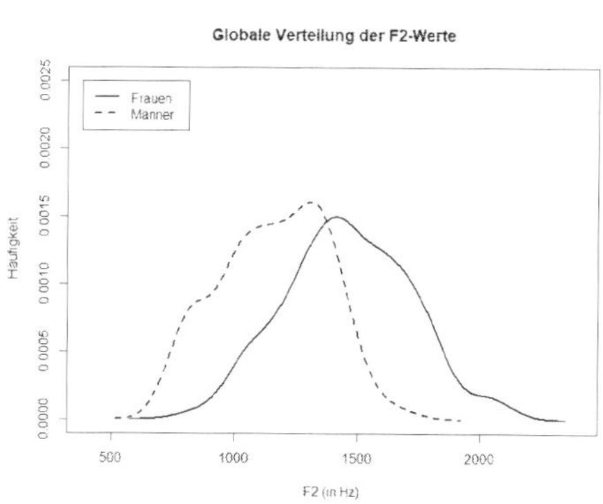

Abbildung 3 (links): Globale Verteilung der F2-Werte bei Lateralen aus Neunkirchen (durchgezogene Linie: Sprecherinnen, gestrichelte Linie: Sprecher)

Abbildung 4 (rechts): Globale Verteilung der F2-Werte bei Lateralen aus Wien (durchgezogene Linie: Sprecherinnen, gestrichelte Linie: Sprecher; Schmid et al. 2017, S. 109)

4.2 Einfluss der Position im Wort und Einfluss der Betonung

Da die Betonung im Wiener und auch im niederösterreichischen Dialekt hauptsächlich auf silbeninitiale Positionen fällt, gibt es in unseren Daten keine unbetonten initialen und auch keine betonten finalen Laterale. Finale Laterale sind, wie oben bereits beschrieben (Kapitel 1.1), selten, da sie im Dialekt vokalisiert werden. In unseren Daten handelt es sich bei final realisierten Lateralen ausschließlich um Diminutiva auf <–erl>.

Die linke Grafik in Abbildung 5 umfasst somit nur die mediale und finale Wortposition in unbetonten Silben. Es ist hier ein deutlich höherer F2 in medialer Position verglichen mit der finalen Position erkennbar ($p < 0{,}001$), was sich auch in Wien so verhält ($p < 0{,}001$, Schmid et al. 2017, S. 113).

Während in Neunkirchen nur unbetonte Laterale am Wortende auftraten, zeigten sich in Wien auch betontc Latcralc am Wortende, deren Vokalisierung nicht vorgenommen wurde (Beispiele hierfür sind Wörter wie „April", „Tirol", „Hotel" etc.). In Wien steigt bei den betonten Silben der F2 von der initialen bis hin zur finalen Position (Schmid et al. 2017, S. 112). In Neunkirchen zeigt sich bei den betonten Lateralen eine Interaktion zwischen Position im Wort und Geschlecht ($p < 0{,}001$). Die Männer verhalten sich so wie beide Geschlechter in Wien: Sie wiesen höhere F2-Werte in medialer als in initialer Position auf ($p < 0{,}001$), während Frauen allerdings initial einen höheren F2 zeigten als in medialer Position ($p < 0{,}001$, s. dazu Abb. 5, mittlere und rechte Grafik).

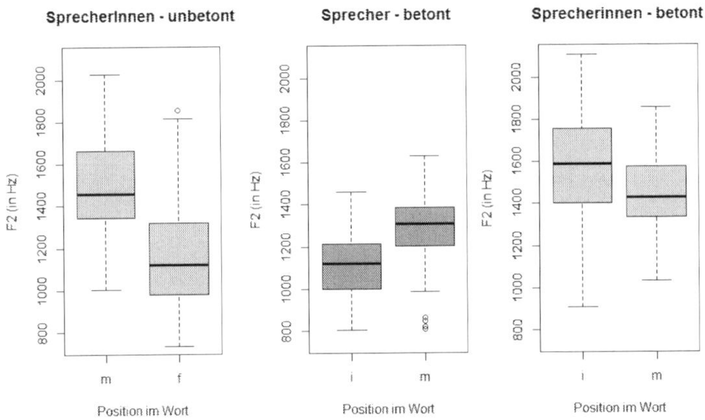

Abbildung 5: F2-Verteilung in Neunkirchen abhängig von der Wortposition (i = initial, m = medial, f = final) und der Betonung, links sind die Werte der unbetonten Position für Männer und Frauen gesamt, mittig und rechts die Werte der betonten Position unterteilt nach Geschlecht

4.2.1 Einfluss der Betonung

Betrachtet man den Einfluss der Betonung getrennt, zeigt sich ein niedrigerer F2-Wert bei unbetonten Lateralen als bei betonten (Abb. 6), in Wien trifft dies allerdings nur auf die Männer für beide Lateralvarianten zu, die Frauen realisieren alveolare Laterale in unbetonten Positionen mit höherem F2 als in betonten (s. Tab. 3). In Neunkirchen verhält es sich bei der velarisierten Variante wie in Wien, beide Geschlechter weisen hier aber bei alveolaren Lateralen einen höheren F2 in unbetonten Positionen als in betonten auf. Anhand Abbildung 6 ist in Neunkirchen (p = 0,007 für Sprecher, p = 0,004 für Sprecherinnen) deutlich ein größerer Unterschied der Betonung zu erkennen als in Wien.

Bei den in medialer Wortposition vorkommenden Lateralen belegt eine Varianzanalyse eine Interaktion zwischen Geschlecht und Betonung (p = 0,046) mit einem höheren F2 bei den Frauen. Post-hoc-Tests führen vor Augen, dass es einen Geschlechtsunterschied sowohl bei den betonten (p < 0,001) als auch bei den unbetonten (p < 0,001) Lateralen gibt. Zusätzlich ist bei den Frauen der zweite Formant bei unbetonten Lateralen signifikant höher als bei betonten (p = 0,007).

Tabelle 4 zeigt die Daten für alveolare und velarisierte Laterale in Neunkirchen und Wien bezüglich der Betonung (Schmid et al. 2017, S. 112). In Neunkirchen macht sich bei den Frauen ein Anstieg velarisierter Laterale in unbetonter Position im Vergleich zur betonten Position bemerkbar (von 16 auf 49 %), während dieser Effekt bei den Männern geringer ist,

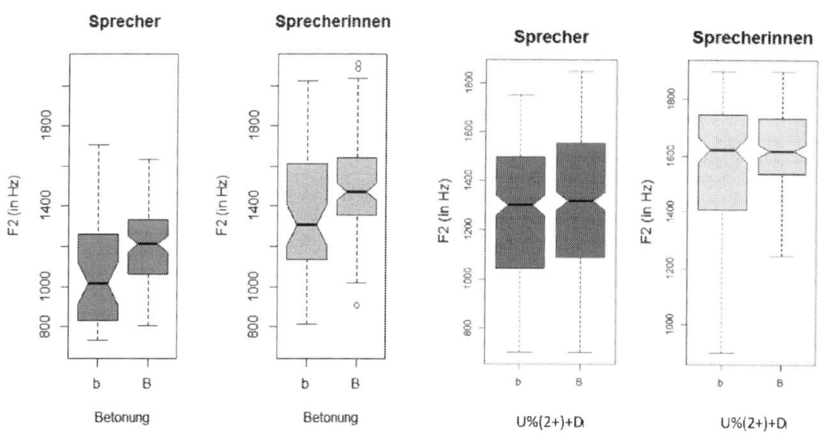

Abbildung 6: F2-Verteilung abhängig von der Betonung (b = unbetont, B = betont), links sind die Werte aus Neunkirchen, rechts die Werte aus Wien (Schmid et al. 2017, S. 112) für jeweils SprecherInnen

da sie auch in betonter Position häufiger velarisierte Laterale produzieren als alveolare Laterale (von 64 % in betonter Position auf 76 % in unbetonter Position). Ähnliche Ergebnisse zeigen sich auch in Wien (Moosmüller et al. 2016, S. 506), es wurden dort allerdings generell seltener velarisierte Laterale gemessen als in Neunkirchen (von 4 % in betonter Position auf 18 % in unbetonter Position bei Frauen, und von 48 % in betonter Position auf 50 % in unbetonter Position bei Männern).

Tabelle 4: Vorkommen, Mittelwert des F2 und Variationskoeffizient der velarisierten (vel., F2 <= 1300 Hz) und alveolaren (alv., F2 >= 1350 Hz) Realisierungen der Lateralvarianten, unterteilt nach Betonung und Stadt, NK = Neunkirchen, W = Wien (Moosmüller et al. 2016, S. 506)

Mittelwert F2 nach Betonung		*Stadt*	*betont*		*unbetont*	
			vel.	alv.	vel.	alv.
Männer	Häufigkeit (%)	NK	64,42	22,12	75,61	21,95
		W	48	43	50	38
	F2 (Hz)	NK	1091	1432	949	1464
		W	1058	1564	1029	1536
	VarCo	NK	12,65	4,95	16,88	7,35
		W	15	6	17	5
Frauen	Häufigkeit (%)	NK	15,79	75,19	49,02	43,14
		W	4	93	18	79
	F2 (Hz)	NK	1164	1593	1124	1649
		W	1208	1648	1045	1670
	VarCo	NK	8,90	11,00	10,77	10,52
		W	6	8	16	7

4.2.2 Einfluss der Position im Wort

Abbildung 7 zeigt die Verteilung der F2-Werte in beiden Städten abhängig von der Wortposition. Bei der individuellen Betrachtung der Position der Laterale im Wort erkennt man, dass bei den Männern in beiden Städten initiale und finale Laterale velarisierter realisiert werden als diejenigen in medialer Position. Bei den Frauen sind in Wien zwischen den initialen und medialen Lateralen keine Unterschiede sichtbar (in initialer Position 91 % alveolar und 6 % velarisiert, in medialer Position 93 % alveolar und 2 % velarisiert, Schmid et al. 2017, S. 111), während in Neunkirchen mediale Laterale von Frauen velarisierter produziert werden (17 % wurden medial velarisiert realisiert im Vergleich zu 72 % alveolar

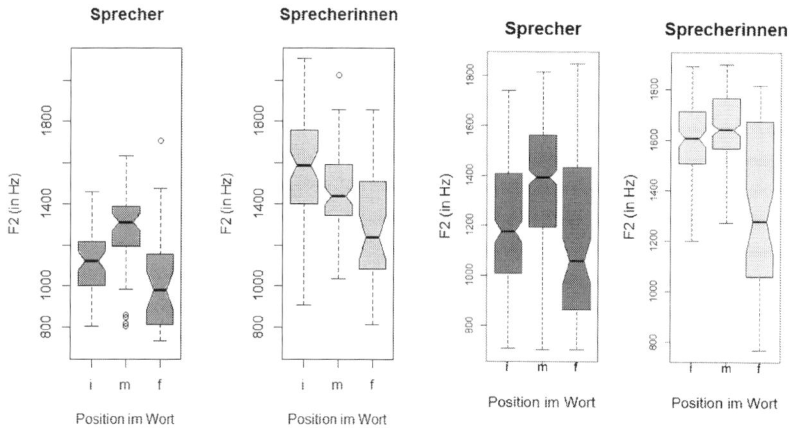

Abbildung 7: F2-Verteilung abhängig von der Wortposition (i= initial, m = medial, f = final), links sind die Werte aus Neunkirchen, rechts die Werte aus Wien (Schmid et al. 2017, S. 112) für jeweils SprecherInnen

realisierten Lateralen in dieser Position). Bei den initialen Lateralen der Frauen weist der zweite Formant in beiden Städten etwa einen Wert von 1600 Hertz auf, während der zweite Formant der medialen Laterale in Neunkirchen niedriger ist als in Wien.

Der F2 der velarisierten Laterale ist bei den Männern in Neunkirchen und in Wien in medialer Position höher als in initialer Position, in Neunkirchen trifft dies, wie oben bereits erwähnt, auch auf die Frauen zu. In Wien ist generell der F2 medial signifikant höher als wortinitial ($p < 0{,}001$) und wortfinal ($p = 0{,}027$; Schmid et al. 2017, S. 112). Bei den velarisierten Lateralen ist der F2 in Wien in finaler Position niedriger als in initialer und medialer (Schmid et al. 2017), während in Neunkirchen dies nur auf die männlichen Sprecher zutrifft. Bei den Frauen zeigen die Werte des F2 der velarisierten Laterale in allen Positionen keine Unterschiede.

In Tabelle 5 sind die Ergebnisse aus Neunkirchen aufgeteilt nach alveolaren und velarisierten Lateralen abgebildet. Männliche Sprecher produzieren in initialer Position viel mehr velarisierte Laterale (85 %) als alveolare (8 %), während dieses Muster bei den Frauen in entgegengesetzter Richtung verläuft (12 %) velarisiert, 82 % alveolar).

In medialer Position zeigt sich die gleiche Tendenz: Männer realisieren geringfügig mehr velarisierte Laterale (43 % velarisierte zu 40 % alveolarer Laterale), und Frauen mehr alveolare (hier ist, wie in initialer Position, eine starke Präferenz sichtbar). Im Vergleich dazu produzieren in Wien beide Geschlechter mehr alveolare Laterale (Männer wortmedial 51 % alveolar, 36 % velarisiert, Schmid et al. 2017, S. 113).

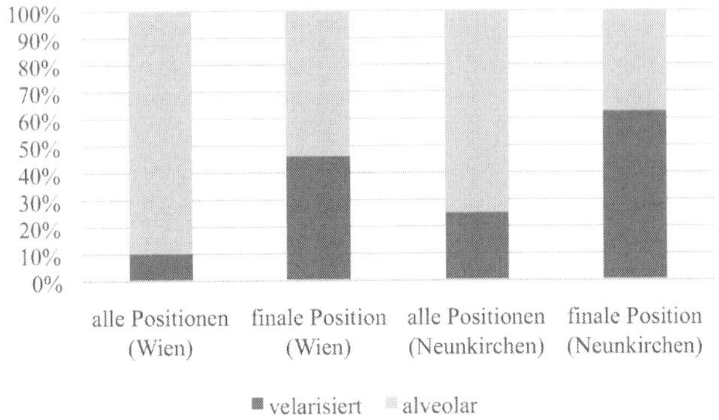

Abbildung 8: Realisierung der Laterale bei Frauen, unterteilt nach velarisiert (F2 <= 1300 Hz) und alveolar (F2 >= 1350 Hz), links sind die Werte aus Wien, rechts die Werte aus Neunkirchen

In finaler Wortposition verhält es sich in Neunkirchen bei den Männern so wie in initialer Position: 84 Prozent der Laterale wurden velarisiert, in Wien verhielten sich die Männer mit 68 Prozent velarisierter Laterale ähnlich. Bei den Frauen (im Kontrast zur initialen Position) ist eine starke Tendenz zur Velarisierung zu beobachten (63 % velarisierte Laterale in Neunkirchen, in Wien hingegen nur 46 %, es wurde dort vermehrt zu 51 % alveolar realisiert).

In Bezug auf die Frauen ist ein auffällig hoher Anteil an velarisierten Lateralen in finaler Position im Vergleich zum Gesamtanteil erkennbar. Dies verdeutlicht Abbildung 8 genauer: Die linken beiden Spalten betreffen Wien, dort werden in allen Positionen insgesamt zehn Prozent velarisiert, in finaler Position bereits fast die Hälfte mit 46 Prozent. In Neunkirchen ist die Velarisierung noch ausgeprägter: In allen Wortpositionen werden 25 Prozent velarisiert, in finaler Position fast zwei Drittel mit 63 Prozent. Bei Betrachtung der Altersgruppen sieht man, dass sich die jungen Frauen im Vergleich zur älteren Frau anders verhalten. Während in finaler Position in etwa gleich oft velarisiert wird (64 % bei alt, 62 % bei jung), wird der Unterschied bis hin zur initialen Position immer größer: Medial velarisiert die ältere Frau 37 Prozent, die jüngeren Frauen hingegen nur zehn Prozent; initial velarisieren die jüngeren nur dreimal, somit sechs Prozent, während die ältere Frau 31 Prozent velarisiert.

Tabelle 5: Häufigkeit, Mittelwert des F2 und Variationskoeffizient (VarCo) der velarisierten (F2 <= 1300 Hz) und alveolaren (F2 >= 1350 Hz) Realisierungen der Lateralvarianten, unterteilt nach Position im Wort

Laterale nach Wortposition		initial		medial		final	
		vel.	alv.	vel.	alv.	vel.	alv.
Männer	Häufigkeit (%)	84,91	7,55	43,33	40,00	84,38	12,50
	F2 (Hz)	1075	1411	1121	1438	926	1487
	VarCo	11,34	2,44	13,77	5,10	16,86	10,31
Frauen	Häufigkeit (%)	12,12	81,82	16,67	71,79	62,50	30,00
	F2 (Hz)	1127	1661	1186	1537	1124	1649
	VarCo	10,28	11,51	7,80	9,31	10,77	8,51

1.3 Einfluss der Phonemumgebung

4.3.1 Einfluss der Vokalumgebung

In Wien hat sich gezeigt, dass im Besonderen der Kontext zwischen und vor Vorderzungenvokalen F2 erhöht und der Kontext zwischen und vor Hinterzungenvokalen F2 senkt (Schmid et al. 2017). Vokale vor dem Lateral zeigten keinen speziellen Einfluss, weder bei Frauen noch bei Männern. Bei Frauen wurde F2 generell weniger vom Vokalkontext beeinflusst als bei Männern.

Zur Veranschaulichung sind in Abbildung 9 die Vokalumgebungen der Männer aus Wien und Neunkirchen dargestellt. In den oben dargestellten Grafiken befinden sich die Werte aus Wien (Schmid et al. 2017, S. 114), die unten dargestellten Grafiken behandeln die Werte aus Neunkirchen. Man kann hier sehr gut erkennen, dass in Wien im Kontext hinterer Vokale mehr Velarisierung auftritt, während in Neunkirchen diese Tendenz nur in Ansätzen ersichtlich ist.

Bei den Frauen aus Neunkirchen zeigt sich ebenso ein von Wien abweichendes Bild (Abb. 10, die oben dargestellten Grafiken behandeln wieder die Werte aus Wien, die unten dargestellten Grafiken die Werte aus Neunkirchen). Während in Wien der Vokalkontext weniger Einfluss hat und sich die Bereiche der Lateralvarianten mehr überlappen, stellt er in Neunkirchen einen bedeutenderen Faktor dar, der die Produktion der Laterale beeinflusst: Im Kontext hinterer Vokale werden mehr velarisierte Laterale produziert.

In Tabelle 6 sind die Häufigkeiten und die Mittelwerte des F2 der Lateralvarianten aufgeteilt nach Geschlecht und vokalischer Phonemumge-

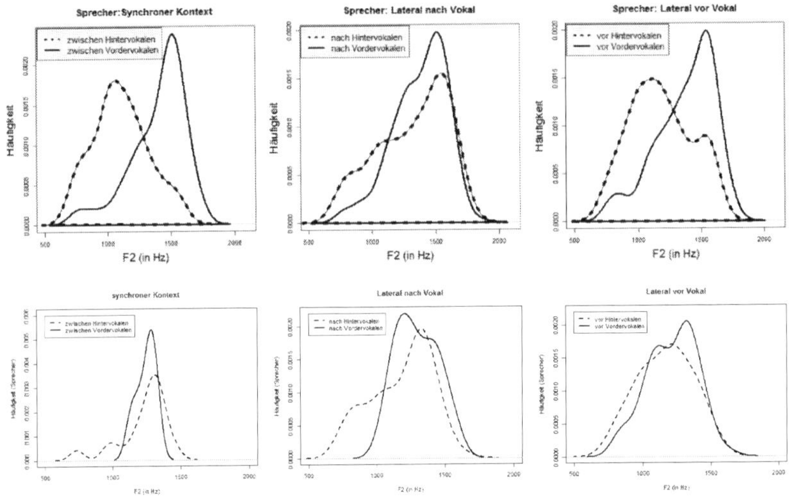

Abbildung 9: F2-Werte der Männer abhängig vom Vokalkontext (durchgezogene Linie: Vorderzungenvokalkontext, gestrichelte Linie: Hinterzungenvokalkontext), oben Werte aus Wien (Schmid et al. 2017, S. 114), unten Werte aus Neunkirchen

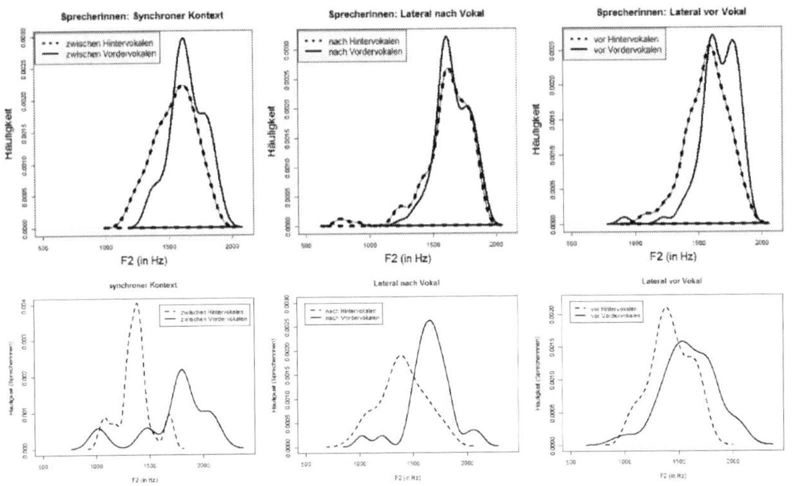

Abbildung 10: F2-Werte der Frauen abhängig vom Vokalkontext (durchgezogene Linie: Vorderzungenvokalkontext, gestrichelte Linie: Hinterzungenvokalkontext), oben Werte aus Wien (Schmid et al. 2017, S. 114), unten Werte aus Neunkirchen

bung angegeben. Männer aus Neunkirchen haben zwischen Vorderzungenvokalen keine alveolaren Laterale realisiert, sondern hauptsächlich velarisiert (83 %), während sie im Vergleich dazu zwischen Hinterzungenvokalen weniger velarisierten (56 %). Der F2 des velarisierten Laterals lag im Kontext der Hinterzungenvokale allgemein etwas niedriger (1128 Hz) als im Kontext von Vorderzungenvokalen (1229 Hz). In Wien produzierten die Männer mehr velarisierte Laterale vor (66 %) und zwischen (81 %) Hinterzungenvokalen, und mehr alveolare Laterale vor (57 %) und zwischen (68 %) Vorderzungenvokalen.

Frauen bevorzugen in beiden Städten alveolare Laterale in allen Kontexten. In Neunkirchen ist in diesem Zusammenhang deutlich erkennbar, dass die Verwendung des velarisierten Laterals bei Hinterzungenvokalen auf über 20 Prozent ansteigt (Tab. 5). Der F2 des velarisierten Laterals ist bei Vorderzungenvokalen im Durchschnitt niedriger (1019 Hz) als bei Hinterzungenvokalen (1179 Hz), wobei man dazu sagen muss, dass Frauen nur sehr selten velarisierte Laterale im Kontext von Vorderzungenvokalen realisierten.

Tabelle 6: Häufigkeit und Mittelwert des F2 der velarisierten (vel., F2 <= 1300 Hz) und alveolaren (alv., F2 >= 1350 Hz) Realisierungen der Lateralvarianten, unterteilt nach vokalischer Phonemumgebung (inter-, post- und prävokalisch, bei jeweils Hinter- bzw. Vorderzungenvokalen)

Vorkommen der Laterale im Vokalkontext			*intervokalisch*		*V+Lateral*		*Lateral+V*	
			vel.	alv.	vel.	alv.	vel.	alv.
Männer	hintere Vokale	Häufigkeit (%)	55,56	22,22	58,23	25,32	71,43	21,43
		F2 (Hz)	1128	1393	1037	1428	1069	1437
	vordere Vokale	Häufigkeit (%)	83,33	0	57,14	38,1	60	24,29
		F2 (Hz)	1229	N/A	1185	1459	1099	1434
Frauen	hintere Vokale	Häufigkeit (%)	26,67	56,67	29,47	60	21,69	66,27
		F2 (Hz)	1179	1459	1140	1538	1162	1531
	vordere Vokale	Häufigkeit (%)	12,5	87,5	6,9	93,1	9,33	85,33
		F2 (Hz)	1019	1826	1113	1693	1138	1663

Zusammenfassend kann man sagen, dass bei den Männern in Wien die Vokale einen größeren Einfluss auf die Realisierung der Laterale haben als bei den Männern in Neunkirchen und dass die alveolare Lateralvariante vor und zwischen vorderen Vokalen bevorzugt wird, während in Neunkirchen über alle Kontexte hinweg häufiger velarisierte Laterale auftreten. In Wien ist bei den Männern im Kontext hinterer Vokale der

F2 niedriger als im Kontext vorderer Vokale, in Neunkirchen ist der F2 in dieser Position nur bei den velarisierten Lateralen niedriger, bei der alveolaren Variante zeigen sich hier in etwa gleiche Werte.

Der Einfluss der Vokalumgebung spielt bei den Frauen aus Neunkirchen eine größere Rolle als bei den Frauen aus Wien. Für beide Städte gilt gleichermaßen, dass die Frauen über alle Kontexte hinweg mehr alveolare Laterale realisieren. Aussagen über F2 zu treffen ist relativ schwierig, da er aufgrund seines seltenen Vorkommens ein sehr variables Bild präsentiert.

4.3.2 Einfluss der konsonantischen Umgebung

Der konsonantische Einfluss (post-)alveolarer Obstruenten auf den darauffolgenden Lateral äußert sich als begünstigender Faktor für die Realisierung velarisierter Laterale, besonders bei den Männern. Wie in Tabelle 7 zu sehen, produzieren Männer zu 88 Prozent die Laterale velarisiert, Frauen zu 27 Prozent. Auch in Wien gibt es diesen Effekt, dort realisierten Männer velarisierte Laterale zu 78 Prozent, Frauen zu 31 Prozent (Schmid et al. 2017, S. 18 f).

Andere konsonantische Kontexte wurden nicht berücksichtigt, da bisherige Studien gezeigt haben, dass labiale oder velare Konsonanten keine Velarisierung begünstigen (Moosmüller 2016, S. 492, Schmid et al. 2017, S. 116).

Tabelle 7: Häufigkeit und Mittelwert des F2 der velarisierten (F2 <= 1300 Hz) und alveolaren (F2 >= 1350 Hz) Realisierungen der Lateralvarianten nach (post-)alveolarem Kontext

Vorkommen der Laterale nach (post-)alveolarem Kontext		*velarisiert*	*alveolar*
Männer	Häufigkeit (%)	88,37	9,3
	F2 (Hz)	1014	1465
Frauen	Häufigkeit (%)	27,27	61,82
	F2 (Hz)	1146	1643

4.4 Einfluss der Dauer

Je länger die Dauer des Laterals, desto niedriger ist F2 (vgl. Abb. 11 und Tab. 8, $p < 0{,}001$, $r = -0{,}400$ (Männer und Frauen gesamt)) – dieses Muster zeigt sich in beiden Städten, was bedeutet, dass eine Tendenz zur Velarisierung der längeren Laterale besteht.

Die alveolaren und velarisierten Laterale sind bezüglich Dauer nur wortfinal signifikant unterschiedlich ($p < 0{,}001$), medial ($p = 0{,}431$) und initial ($p = 0{,}316$) unterscheiden sie sich nicht (Tab. 7). Der Unterschied der velarisierten und alveolaren Varianten ist bei beiden Geschlechtern signifikant ($p < 0{,}001$).

Bei den Frauen wird der Unterschied zwischen alveolarer und velarisierter Variante von wortinitial zu wortfinal immer größer, während sich die Varianten bei den Männern nicht so stark voneinander unterscheiden (Tab. 8).

Tabelle 8: Dauer der Laterale (in ms), aufgeteilt nach Variante, in Abhängigkeit von der Position im Wort

Dauer der Laterale (in ms)		*initial*	*medial*	*final*
alveolar	*gesamt*	63	45	61
	Männer	66	52	86
	Frauen	63	45	61
velarisiert	*gesamt*	66	55	102
	Männer	72	54	103
	Frauen	66	55	102

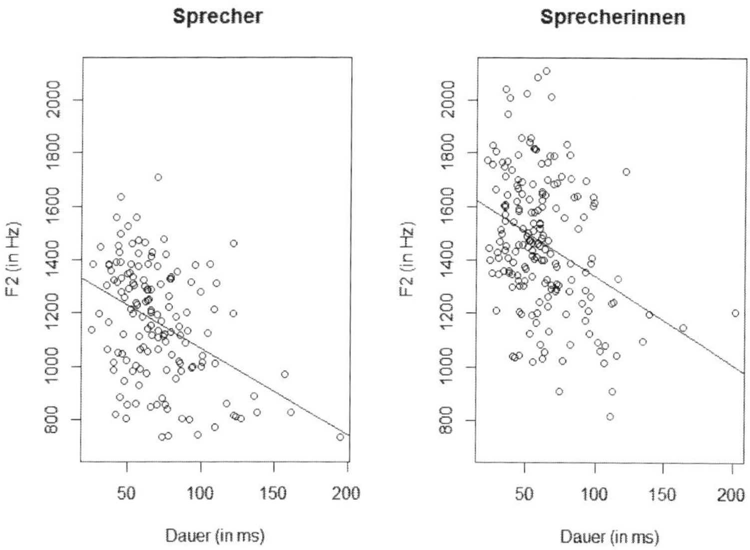

Abbildung 11: Korrelation zwischen F2-Werten und der Dauer der Laterale, links die Werte der Männer, rechts die Werte der Frauen

5 DISKUSSION

Wir haben gezeigt, wie Personen aus Neunkirchen den velarisierten Lateral im Vergleich zu Personen aus Wien realisieren. Entsprechend betrachten wir die erste und zweite Hypothese als bestätigt, nach denen sich der Wiener velarisierte Lateral nach Niederösterreich ausgebreitet hat und in Neunkirchen in den gleichen Positionen wie in Wien und sogar häufiger als in Wien realisiert wird. Je nach Kontext gibt es präferierte Realisierungen: Velarisiert wird eher wortfinal, Frauen bilden initial mehr alveolare Laterale.

Die Resultate der älteren Frau im Vergleich zu denen der drei jüngeren Frauen deuten darauf hin, dass der velarisierte Lateral aufgrund der soziolinguistisch negativen Bewertung von der jüngeren Generation weniger häufig realisiert wird (Hypothese 3): Jüngere Frauen velarisieren in betonten Positionen zu nur neun Prozent, in unbetonten Positionen 47 Prozent, während ältere Frauen in betonten Positionen zu 36 Prozent velarisierten und in unbetonten Positionen zu 54 Prozent.

Schmid et al. (2017) schlussfolgern, dass es wahrscheinlicher ist, die Position zwischen zwei hinteren Vokalen statt der wortfinalen Position als Ausgangspunkt für die Velarisierung anzunehmen. Dies können Daten aus Neunkirchen nur bedingt bekräftigen (Hypothese 4). Bei den Männern in Neunkirchen werden Laterale insgesamt häufiger velarisiert, dadurch ist der Einfluss der hinteren Vokalumgebung weniger stark. Insgesamt wurde zwischen vorderen Vokalen sogar häufiger velarisiert als zwischen hinteren Vokalen. Bei den Frauen in Neunkirchen werden allerdings, wie auch bei den Frauen in Wien, Laterale zwischen Hinterzungenvokalen häufiger velarisiert.

Moosmüller et al. (2016) erklären sich das leicht erhöhte Auftreten alveolarer Laterale in wortinitialer Position bei manchen Männern in Wien als die Anwendung einer Input-Switch-Regel, die aufgrund des intensiven Kontakts mit der österreichischen Standardaussprache zustande kommt. Man könnte argumentieren, dass in Neunkirchen die Velarisierung wortinitial aufgrund des regionaleren Umfelds und des geringeren Kontakts mit prestigeträchtigeren Varietäten bestehen bleibt. Die Anwendung einer Input-Switch-Regel scheint somit nicht zu greifen (Hypothese 5). Auch hat die Betonung keinen so starken Einfluss auf die Realisierung der Laterale wie in Wien, wo in betonten Silben mehr alveolare Realisierungen auftraten. In Wien realisieren die Frauen kaum velarisierte Laterale, selten treten sie in unbetonter, wortfinaler Position auf. Daher ist von einem alveolaren Lateral auszugehen, der optional, also phonetisch bedingt und graduell, velarisiert wird (Schmid et al. 2017). In Neunkirchen realisierten Frauen initial zwölf, medial 17 und final 63 Prozent der Laterale velarisiert und zeigten somit eine Tendenz zur Velarisierung am Wortende. Es wird zwar auch wortinitial velarisiert, allerdings in so geringem Ausmaß, dass weiterhin von einem alveolaren Lateralphonem ausgegangen werden kann. Auch betonte Positionen (16 %) weisen eine geringere Häufigkeit velarisierter Laterale im Vergleich zu unbetonten Positionen (50 %) auf.

Die Einteilung der Laterale in alveolare und velarisierte anhand des F2 orientierte sich an der Perzeptionsstudie von Recasens (2012). Es wurden allerdings noch keine Perzeptionsstudien in Österreich durchgeführt, die notwendig wären, um die tatsächliche Schwelle zwischen velarisierten und alveolaren Lateralen zu identifizieren. Turton (2014, 2015) untersuchte verschiedene Dialekte des Englischen und zeigte unterschiedliche Arten von /l/-Verdunkelung. In manchen Dialekten war Gradualität zwischen den Varianten nachweisbar, in anderen wiederum Kategorizität, sodass es scheint, dass die Frage der Perzeption der Laterale je nach Sprachvarietät geklärt werden muss.

Ob der velarisierte Lateral aus dem Wiener Dialekt in die Dialekte des Umlands dringen wird, kann nicht abschließend geklärt werden. Einerseits haben wir gezeigt, dass er sich auch außerhalb Wiens bei der älteren Generation durchgesetzt hat, andererseits ist es nicht sicher, ob er von der jüngeren Generation unter dem Druck prestigehöherer Varietäten weitergeführt werden wird. Die Datenmenge der vorliegenden Studie ist zu gering, um mehr als Tendenzen ablesen zu können und müsste mit weiteren Aufnahmen unterlegt werden. Es wäre interessant, gezielt jüngere Personen zu untersuchen und zu überprüfen, wie häufig sie den velarisierten Lateral verwenden.

6 LITERATUR

Carter, Paul und Local, John (2007). F2 variation in Newcastle and Leeds English liquid systems. *Journal of the International Phonetic Association, 37*, 183-199.

Harather, René (2019). *Stadt Neunkirchen 1920-2020. Eine Geschichte von den Anfängen bis zur Gegenwart.* Neunkirchen: Eigenverlag der Stadt Neunkirchen.

Huffman, Marie K. (1997). Phonetic variation in intervocalic onset /l/'s in English. *Journal of Phonetics, 25*, 115-141.

Koekkoek, Byron J. (1955). *Zur Phonologie der Wiener Mundart.* Gießen: Schmitz.

Kranzmayer, Eberhard (1953). *Lautwandlungen und Lautverschiebungen im gegenwärtigen Wienerischen.* Zeitschrift für Mundartforschung, 4, 197-239.

Kranzmayer, Eberhard (1956). *Historische Lautgeographie des gesamtbairischen Dialektraumes.* Graz/Köln: Hermann Böhlaus.

Labov, William (2001). *Principles of linguistic change, vol. 2: Social factors.* Oxford: Blackwell.

Luick, Karl (1904). *Deutsche Lautlehre. Mit besonderer Berücksichtigung der Sprechweise Wiens und der österreichischen Alpenländer*. Leipzig und Wien: Franz Deuticke.

Moosmüller, Sylvia (1987). *Soziophonologische Variation im gegenwärtigen Wiener Deutsch. Eine empirische Untersuchung.* Stuttgart: Steiner-Verlag-Wiesbaden-GmbH.

Moosmüller, Sylvia (1991). *Hochsprache und Dialekt in Österreich. Soziophonologische Untersuchungen zu ihrer Abgrenzung in Wien, Graz, Salzburg und Innsbruck.* Wien: Böhlau Verlag.

Moosmüller, Sylvia (2010). Stereotyping the Viennese Dialect. In De Cillia, Rudolf/Gruber, Helmut/Krzyzanowski, Michal/Menz, Florian (eds.), *Diskurs – Politik – Identität. Festschrift für Ruth Wodak*. Tübingen: Stauffenburg, 401-408.

Moosmüller, Sylvia (2012). The roles of stereotypes, phonetic knowledge, and phonological knowledge in the evaluation of dialect authenticity. In Calamai, Silvia/Celata, Chiara/Ciuccu, Luca (eds.), *Proceedings of the Workshop "Sociophonetics, at the crossroads of speech variation, processing and communication"*, Pisa: Edizione della Normale, 49-52.

Moosmüller, Sylvia/Schmid, Carolin/Kasess, Christian (2016). Alveolar and Velarized Laterals in Albanian and in the Viennese Dialect. *Language and Speech 59/4*, 488-514.

Moosmüller, Sylvia (2016). The Strength of Stereotypes in the Production and Perception of the Viennese Dark Lateral. In Cramer, Jennifer/Montgomery, Chris (eds.), *Cityscapes and Perceptual Dialectology: Global perspectives on non - linguists' knowledge of the dialect landscape*. Berlin: De Gruyter Mouton, 121-138.

Nagl, Johann Willibald (1983[1895]). Über den Gegensatz zwischen Stadt- und Landdialekt in unseren Alpenländern. In Wiesinger, Peter (ed.), *Die Wiener dialektologische Schule. Grundsätzliche Studien aus 70 Jahren Forschung.* Wien: Halosar, 71-75.

Noll, Anton/Stuefer, Jonathan/Klingler, Nicola/Leykum, Hannah/Lozo, Carina/Luttenberger, Jan/Pucher, Michael/Schmid, Carolin (2019). Sound Tools eXtended (STx) 5.0 – A Powerful Sound Analysis Tool Optimized for Speech. In *Proceedings of Interspeech 2019 - Show&Tell, Graz, Austria.* 2370-2371. Available from: https://www.isca-speech.org/archive/Interspeech_2019/pdfs/8022.pdf.

R Core Team (2016). *R: A Language and Environment for Statistical Computing, R Foundation for Statistical Computing*, Vienna, Austria. https://www.r-project.org/

Recasens, Daniel (2012). A cross-language acoustic study of initial and final allophones of /l/. *Speech Communication, 54*, 368-383.

Scheuringer, Hermann (1990). *Sprachentwicklung in Bayern und Österreich. Eine Analyse des Substandardverhaltens der Städte Braunau am Inn (Österreich) und Simbach am Inn.* Hamburg: Buske.

Schmid, Carolin/Moosmüller, Sylvia/Kasess, Christian H. (2017). Geschlechtsspezifische Realisierung des velarisierten Laterals im Wiener Dialekt. In: Sylvia Moosmüller/Carolin Schmid/Manfred B. Sellner (eds.), *Phonetik In und Über Österreich.* Wien: Österreichische Akademie der Wissenschaften, 99-122.

Sproat, Richard/Fujimura, Osamu (1993). Allophonic variation in English /l/ and its implications for phonetic implementation. *Journal of Phonetics, 21*, 291-311.

Turton, Danielle (2014). Some /l/s are darker than others. Accounting for variation in English /l/ with ultrasound tongue imaging. *U. Penn Working Papers in Linguistics, 20,* 189–198.

Turton, Danielle (2015). Determining categoricity in English /l/-darkening: A principal component analysis of ultrasound spline data. *Proceedings of the XVIIIth ICPhS, Glasgow*. Retrieved from https://www.internationalphoneticassociation.org/icphs-proceedings/ICPhS2015/Papers/ICPHS0810.pdf

Vergeiner, Philip Christian/Luttenberger, Jan/Bülow, Lars/Wallner, Dominik (in prep.). Revisiting areal and lexical diffusion. The case of the Viennese Monophthongization in Austria's base dialects.

Walls, Felicity Gayna (1976). *Der Dialekt der Wiener Grundschicht und die neuere Wiener Mundartdichtung. Eine phonemisch-graphemische Untersuchung*. Franktfurt/Main: Lang.

Wiesinger, Peter (1983). Die Einteilung der deutschen Dialekte. In: Besch, Werner/Koop, Ulrich/Putschke, Wolfgang/Wiegan, Herbert Ernst (eds.), *Dialektologie: Ein Handbuch zur deutschen und allgemeinen Dialektforschung*. Berlin/New York: De Gruyter, 807-900.

Wiesinger, Peter (1990). The Central and Southern Bavarian Dialects in Austria. In Russ, Charles Victor Jolyon (ed.), *The Dialects of Modern German. A Linguistic Survey*. London: Routledge, 438-519.

Wiesinger, Peter (2001). Zum Problem der Herkunft des Monophthongs A für Mittelhochdeutsch EI in Teilen des Bairischen. In Bentzinger, Rudolf/Nübling, Damaris/Steffens, Rudolf (eds.), *Sprachgeschichte, Dialektologie, Onomastik, Volkskunde. Beiträge zum Kolloquium am 3./4. Dezember 1999 an der Johannes-Gutenberg-Universität Mainz*. Stuttgart: Steiner.

Orthographic Transcription Systems for Dialects – A Case Study on Viennese Dialect

FRIEDRICH NEUBARTH

Abstract. For this paper, I am not in the position to present original work – it is about an orthographic transcription system for Viennese dialect that was developed by Sylvia Moosmüller in the course of a project that aimed at machine translation from Standard German into this dialect. Rather, I want to recapitulate the making of this special-purpose orthography and discuss a few issues that automatically come up with such an enterprise. Two sources of information will be of special concern: H.C. Artmann's collection of poems, *med ana schwoazzn dintn* and Maria Hornung's *Wörterbuch der Wiener Mundart.* Both of them provide highly consistent ways of transliterating a dialect that is primarily spoken, but in very different ways – for different purposes. The orthography described here has yet another purpose: machine translation, hence language technology. Reviewing many of the questions that came up during the numerous discussions we had in that project may well be interesting to readers who face a similar situation. The conclusion may seem somewhat disappointing, but should be read as an encouragement: much work has already been done, but there is no end to it. Each time we face a new target (and language technology is an ever emerging, multiple target), we have to rethink our ways of doing or encoding things. Meanwhile, it is also inevitable that we must continue rethinking our linguistic knowledge base.

INTRODUCTION

When designing orthographies for particular dialects, it is worthwhile to contemplate a few issues before beginning such an enterprise. Some of these will be of rather general nature, others more specific to the actual use of such a writing system. The case I will present and discuss here is an orthography for Viennese dialect (VD), that mainly targets machine translation as a concrete application (cf. Haddow 2013, Neubarth et al. 2013, Neubarth & Trost 2017). There are many different purposes for such writing systems: literature, song-texts, poetry, lexica etc., but especially for applications in language technology, which strategies to adopt depends on the target application. Writing language with a fixed set of symbols (letters) is always a sophisticated compromise that has occupied scholars and practitioners since the outset of the Phoenician alphabet, the first one in history that provides symbols for individual sounds.

In the case at hand, there was a need to provide an orthography that would be easy to work with, both for humans and machines – meaning that it should not be too hard to decipher by humans reading and editing text (machines don't care much about that), and hence does not depart too far from the standard orthography (if possible), but on the other hand should not pose too much burden on machine readability – meaning it should adopt a set of characters with as few diacritic symbols as possible and no other graphic means. On the other hand, such an orthographic coding should represent as much as possible the phonetic properties of the dialect, thus giving compatibility with or resemblance to the orthography of the standard variety (Standard German – SG henceforth) a lower priority.

What are these issues? We can formulate them as three principal questions: 1) What exactly is the dialect we are working with? 2) What set of characters should we use and how much does that enable us to represent the phonological properties of that dialect? And 3) in which ways does the orthographic encoding of the dialect relate to the orthography of the standard variety?

First it is important to note that dialects and writing systems seem to be intrinsically incommensurable. (Not meaning that there cannot or should not be writing systems for dialects.) But in essence, the effect of an orthography is fostering normalization, while the defining property of a dialect is that it is a language for a confined group of people sharing it, and that there are many other dialects that differ from that particular dialect (while there may be shared commonalities to be exploited by extended groups). This issue of differentiation (in language) seems to be at the core of the development of human languages (and a fortiori, of dialects). Any linguist working on dialects might object that this is an oversimplification – I would fully agree – but the multitude of ways to speak is still a fact.

On the other hand, the writing of many languages (e.g., High German) was not standardized for a long time; attempts at standardization rather arose when it became societally and politically opportune (or necessary) to pursue such an enterprise. Accepting this thought, the free use of orthography in social media seems to support the idea that writing systems are not only taken to be a means for standardization. To put more weight on this: there are many so-called non-standard languages: dealing with these has developed into a branch of language technology of its own.

Given that there are so many dialects and none of them has its own committed standard way of writing it, how should we delineate any of these language varieties in order to gain a background against which we can start to develop an orthography? The answer is as easy as it is problematic: one has to decide. One has to develop an image of the particular dialect that may have regional or social defining properties. And we have to keep in mind that this image will always be an abstraction.

It was Sylvia Moosmüller, drawing from her longstanding experience of working with dialects in many manifestations, who took on the burden of deciding upon a Viennese dialect as a working standard. A standard which in reality may perhaps never exist, but represents an abstraction from very closely related varieties that can be perceived and accepted by a majority of people who may still have their own image of a Viennese dialect. Someone needed to decide, and Sylvia was in the position to do so, having internalized the manifold properties of this idiom – a term that may even better reflect what we were trying to grasp here.

That seems to be a strange response to the question, which dialect are we working with. However, the term Viennese by itself reveals the imprecision to be expected under a dialectological perspective. Vienna has 23 districts and as many social classes as one wishes to define, and this is not the end of it – migrant groups have contributed to the idioms of the city for hundreds of years, most strongly since the end of the 19th century. Youth language is always a special issue that I here just want to mention but not comment on. It has to be emphasised that when creating a machine translation (or a speech synthesis) system for Viennese dialect, one automatically strives for a prototypical variety rather than trying to oversee the abundant variation.

The second issue revolves around the question, what goals should the design of an orthography for a particular dialect follow? There are three sub-issues: how many characters should be added to our alphabet (in German, the Umlaut characters ä, ö, ü and ß go beyond the set of basic ascii characters)? The answer: as few as possible, but if 'necessary', yes. How close should the writing system be to the phonetic properties of the dialect? This is an ill-posed question because writing systems never directly reflect what we do with our mouth and what enters our ears. They rather attempt to reflect systematic distinctions between sounds, and thus relate much more to the phonology of a particular language (variety). Moreover, it may not only be the representation of sounds, but also perhaps morphological issues that play a role in orthography, and certainly, orthographies are always conservative towards earlier stages of a language (English and French are good examples).

Phonology targets the systematic setup of sounds in a given language and certain processes that – also systematically – may alter these sounds. In classical, structuralist terms, two or more phonetic realisations of a speech sound may relate to the same phoneme – that stands for a quasi-symbolic, abstract sound concept of a given language. A well-known example is the two realisations of 'back' fricatives in German: *ich-* [ç] versus *ach*-Laut [x], that relate to the same phoneme (in phonetic terms: palatal versus velar, whatever symbol we take for it), but the occurrence of which is triggered by phonological context.

However, there are intricacies beyond the mere identification of sounds. In many German varieties there are length contrasts that may (or may not) correlate with melodic contrasts (different sounds). This 'or may not' statement shows the real challenge: length contrasts are not always coupled with melodic contrasts. Some of them are, some are not, and it always has to be questioned if we wrongly infer such a contrast because we know that it exists in other varieties, or if it is manifest distinction. Length and melody interact with each other in a sophisticated way, generating differences between dialectal varieties that will be heard by an experienced ear but that are still hard to grasp phonologically, even by an experienced linguistic mind. The write-as-you-hear strategy may be an initial attempt to get on with the task, but drawing from just a little fieldwork experience, I can bet that there will be a moment where one hears the same sound in two ways (or two similar sounds as the same). There is no ad-hoc phonetic solution, and even if I lost my best, the orthography would be just a mere phonetic transcription, missing certain necessary features that make it systemic and are necessary to qualify it as an orthography.

The core problem is still that we have an alphabet that for more than three millennia has served the purpose of coding how we actually speak – in contrast to symbolic writing systems such as Chinese characters where each character represents a morphological unit with its own meaning and a phonetic realisation that is intrinsically not defined. How should we adapt this system in order to reflect the way of speaking in a particular language or dialect? Writing systems have been developed, and orthographies have changed and evolved according to these needs. In electronic communication the ASCII standard, comprising the English alphabet, still imposes a strong bias, despite the fact that most languages other than English employ extended character sets (as mentioned before, in German there are 4 more characters, still found in the extended ASCII set). While the character sets vary from language to language, each language imposes its own conventions that themselves produce a bias against non-standard varieties.

This brings us to the third issue: how should we relate an orthography for a dialect to the conventions of the standard variety? Obviously we need to rely on the conventions of the standard to a certain extent. Adherence to the standard conventions surely facilitates intelligibility and readability for a broader audience. On the other hand, such a trait may hinder the identification of the dialect as an independent language variety in its own right. So, designing the orthography towards the phonological properties of that variety has high merits, though it comes with the risk of declined readability.

All that follows basically reflects the work of Sylvia Moosmüller, as a project partner of the project MLT4MLV. The project had as its goal the development of a machine translation system between Viennese dialect and Standard German. It was up to Sylvia to come up with a first proposal for an orthography suitable to our needs. Needless to say that almost all of her suggestions directly entered the final version of encoding – after months of discussions that mostly served the purpose of making us all understand what considerations led her to make each of the many decisions. For an extensive overview, see Hildenbrandt et al. (2013).

VIENNESE ORTHOGRAPHIES: 2 EXAMPLES

There are numerous sources for written Viennese dialect (e.g., Schuster 1956, Schikola 1954), each of them following its own conventions, more or less consistently. I know of two examples that are consistent to an extent that is absolutely impressive, and which represent opposite positions in how they realize their goals. It is worthwhile to discuss both of them – they are ideal examples that give an introduction to particular problems of creating (yet another) writing system for Viennese dialect. The first one is H.C. Artmann's collection of poems in Viennese dialect, *med ana schwoazzn dintn*, and the other is Maria Hornung's Lexicon of Viennese, *Wörterbuch der Wiener Mundart*.

H.C. ARTMANN'S *MED ANA SCHWOAZZN DINTN*

Artmann's approach was to represent most phonological distinctions in as simple a form as possible, exploiting the commonly used writing system in an often quite surprising way and making text written by him in Viennese look like the transcription of some language spoken far away, perhaps in Africa. It was an artistic goal to make it look highly different from the standard language, but it was also an artistic enterprise to be as accurate as possible with the means (available characters on the typewriter) at hand.

Characters in use: Artmann's orthography uses the letters <a-z> (except for <v> and <y>), as well as the *Umlaut* characters <ä>, <ö> and <ü>. The letter <v> can be subsumed by <f> and <w>, whereas <y> occurs only in loanwords in SG and has no function in VD. The letter <c> occurs only in the two multi-character graphemes <ch> for velar/palatal fricatives [x]/[ç] and <sch> for the post-alveolar fricative [ʃ]. The letter <q> (without a following <u>) represents a combination of <gw>, <x> a combination of <ks>, and <z> basically stands for <ds>; when doubled it represents the geminated affricate that can be represented by <ts> as well (as in the title of the collection: *schwoazzn* – SG *schwarzen* 'black-Fem.Dat.Sg').

Let us review a few lines from one of his poems. It is titled *liad* ('song') and its first 4 lines are: *a bak / one bam / one gros / one wossa* ('a park / without trees / without grass / without water'). From this stanza alone, we can discuss several issues:

'a' and 'o': generally, in Bavarian dialects, where /a/ surfaces in SG, in VD we find a rounded, open mid-vowel [ɔ] – with many exceptions, one of which is found in the second word of the poem – *bak* (SG *Park* 'park'), where rounding of the /a/ does not take place (loanwords most often don't have it) and the r-vocalisation into [a] is void in this case, since it targets a sound identical to the preceding vowel. So <a> primarily stands for /a/, secondarily it marks the result of r-vocalisation when following a vowel other than /a/ (e.g., *deamometa* – SG *Thermometer* 'thermometer' – see below). Where in SG /o/ surfaces, we find a rounded, closed mid-vowel [o], e.g., *brod* (SG *Brot* 'bread'). So, we have a three-way contrast, whereas the alphabet provides two graphemes. In SG that contrast is solved between /a/ which is unambiguous and <o> for [o] vs. [ɔ] which is phonologically determined by a length contrast (oversimplifying), but both of them pertain to /o/ sounds. In VD, all /o/ sounds seem to be realized as [o], whereas /a/ sounds have the two variants [a] and [ɔ]. Artmann deliberately ignores this intricacy and uses <a> for [a] and <o> for [o] and [ɔ] – as in SG, phonologically adequate, but this decision creates ambiguities. (E.g., in his transcription it would be *brodwiaschtl med an brod* – SG *Bratwürstel mit einem Brot* 'fried sausage with a piece of bread'). In the text presented we find those transliterations of the words *gros, wossa* – SG *Gras, Wasser* 'grass, water'.

Nasal 'a': a special case is /a/ before nasals. Phonetically it will be realized with a nasal quality but also with an [u] quality. Sometimes the triggering nasal will be clearly realized, sometimes it can even be dropped. Artmann tries his best to reflect this instability of nasals. He uses the combination <au> to mark nasal /a/ throughout and only writes <n> when the chances are high that it will be heard. E.g., *waun* – SG *wann* 'when' vs. *auschaud* – SG *anschaut* 'look at', where the second occurrence of <au> represents the regular diphthong /au/ that is phonetically realised as a monophthong in VD – [ɒ:].

R-Vocalisation: the sound /r/ is stable in onset position, however, within the same phonological domain it may colour the preceding vowel (if there is one and if it is not in onset position, it generally is not realized as a consonant – hence the term vocalisation. Our initial example serves again: *bak,* relating to SG *Park*, is written without 'r' because /r/ is not pronounced in any way. Another line from our poem shows this effect: *nua r a blaus deamometa* – SG: *nur ein blaues Thermometer* 'just a blue thermometer'. The 'r' in 'Thermometer' is pronounced and transcribed as 'a'. Notice that despite the fact that /r/ is most often vocalized in VD, it may also be used to separate two adjacent vowels, as shown in the given example. Sometimes this phonological process is called 'intrusive-r', e.g., *nua r a blaus deamometa* – SG *nur ein blaues Thermometer* 'just a blue thermometer'. What is striking is that the /r/ seems to adopt both roles – it lends its melody towards disappearance and takes up a special function to mark onsets in order to separate two (otherwise) adjacent vowels.

Diphthongs: what corresponds to a diphthong in SG is mostly realized as a monophthong in VD. Artmann's transcription ignores this fact, employing a similar spelling as in SD. /au/ may be realized as [ɒ:] in VD, but he pertains to write it as 'au' as in *blaus deamometa.* /ai/ is realized as [æ:], but still written as 'ei'. Some SG /ae/ diphthongs seem to be subject to the secondary Umlaut effect and are realized as [a:]. E.g., *drei* [dræ:] – SG *drei* 'three' vs. *zwa* [dsva:] – SG *zwei* 'two'. Artmann uses just one letter <a> in such cases – including the indefinite article, but it is manifest twice in *a bak one bam* – the last word here corresponds to SG *Bäume.* There is a stem alternation between singular and plural, the latter having an Umlaut in its stem vowel. In Bavarian dialects, /a/-based stems (including diphthongs), that have rounding, hence being realized as either [ɔ] for /a/ or [ɒ:] for /au/, cannot transfer the base vowel into a fronted vowel (such as /u/ to /ü/), but simply un-round them, resulting in a secondary [a]. For this reason, this phenomenon is also called secondary Umlaut. SG <eu/äu> corresponding to the diphthong /oe/ is generally unrounded in VD (e.g., *neich* – SG *neu* 'new') But in the context of /l/ (which, as a liquid vocalizes similar to /r/), we find secondary rounding of front vowels and diphthongs: the rounded alternative to [æ:] is [œ:] and graphemically represented as <äu> – the only occurrence of the character 'ä', e.g.: *wäu* – SG *weil* 'because'.

Long vowels: It is an open issue whether we have length contrasts in vowels in VD. While there seem to be rather clear effects of isochrony in Upper- and Lower-Austrian dialects (long vowel – simplex consonant, short vowel – geminate consonant), e.g. [roːg] – SG Rock 'skirt' (sg.) vs. [regː] – SG Röcke 'skirts' (pl.), the situation is much less clear in VD (see Kühnhammer 2004 for a discussion of this example). Instead of isochrony effects we experience more a general length of vowels, and the burden of contrast seems to lie on the shoulders of consonants (see below). Artmann generally avoids marking long vowels; however, vowels in open, stressed syllables are sometimes reduplicated: *nii* – SG *nie* 'never', *schnee* – SG *Schnee* 'snow', *aa* – SG *auch* 'also', but even sometimes *zwaa* – SG *zwei* 'two' (where we have cited the same form with only one 'a' before).

Plosives – lenis / fortis: we are accustomed to a two-way distinction of plosives in many languages, and the terminology used to distinguish them by the pair lenis/fortis is at least neutral about what makes the difference. The phonetics of such contrasts reveals that at least two features may play a role here: aspiration and voicedness. This sounds a bit suspicious, and indeed there are languages that employ both of these features in phonological contrasts, giving rise not only to a two-way fortis-lenis contrast, but to a four-way distinction. One example is Hindi, with a neutral, an aspirated, a voiced and an aspirated voice variant of a plosive that is associated with the same place of articulation (i.e. 'p', 'ph', 'b', 'bh'). In VD syllable onset positions, lenis/fortis contrasts of that sort are clearly neutralized (therefore *bak* instead of *pak*, but there is one exception to be discussed below); in other positions, there are apparent lenis/fortis distinctions: intervocalically, after sonorants, but also due to concatenations we may experience different sounds, which, however, may reflect length rather than a melodic lenis/fortis contrast (or even both). Examples: *i red* – SG *ich rede* 'I speak', vs . *ea ret* – SG *er redet* 'he speaks'. The stem *red* has only a lenis/simplex /d/ that surfaces in 1P.Sg form, while the 3P.Sg form has a suffix *–d* that merges with the stem to show up as a fortis/geminate /t/. One could write geminate 'dd' in that case, but then other cases, where fortis consonants show up as fortis/geminates without any reason to assume gemination would become illogical – one of them is our very first example: *bak*. It is a fortis variant of the bilabial plosive, and there is no linguistic reason to assume it should be a geminate other than that its phonetic interpretation is identical to a configuration where we can identify a geminate structure upon morphological grounds. This may give rise to further theoretical discussions; on practical grounds matters seem quite clear: use b/d/g for lenis/simplex plosives and p/t/k for fortis/geminate ones, and disregard the melody/length intricacies.

Geminates: have already been discussed before in the context of plosives. Other consonants that do not have a fortis/lenis pair reflected in the alphabet need to be encoded by doubled letters. There is not much more to say about this – since the strategy is taken over from standard orthography, but Artmann goes a step further and assigns lenis and fortis affricates single and double occurrences of letters: whatever is pronounced [ds] will be encoded as ‘z’; as a fortis/geminate [ts], it will logically be encoded as ‘zz’ (*med ana schwoazzn dintn*). Nevertheless, while alveolar /s/ and labio-dental /f/ fricatives seem to have a clear geminate structure, perceivable from their phonetic interpretation, nasals only sometimes do so, and liquids are perceived generally as simplex. Artmann’s intuitions, reflected in his way of writing, seem to be very plausible here.

HORNUNG’S *WÖRTERBUCH DER WIENER MUNDART*

A lexicon clearly serves different purposes than using a dialect in poetry. When reading Maria Hornung’s lexicon, the transcription looks as unfamiliar to SG than Artmann’s texts, but its appearance reminds less of the transcription of an African language and gives more the impression of a scientifically motivated coding. Indeed, Hornung attempts to represent each and every phonetic differentiation, which makes the use of diacritics and other typographic means unavoidable. I will not try to give a comprehensive overview of her orthographic solution here, but rather sketch the important differences to Artmann’s solution.

‘a’ and ‘o’: the variants of SG /a/ sounds are represented by three graphemes: <a> for [a], <ǫ> for the rounded variants [ɔ], and <å> for the nasal variant. This leaves <o> for the counterparts of /o/ in SG, realized as [o].

Liquid vocalisation: as mentioned before, the effect of vocalisation of /r/ and /l/ may trigger the deletion of the source consonant, meaning that the sound will not be perceivable phonetically. As a matter of fact, this is not entirely true – the (non-)realisation of the liquid may be subject to variation. In order to indicate this, Hornung uses superscript letters, a decision which is linguistically accurate, but which would be very problematic to import for an orthography for written texts, e.g., ǫschbęa^{r}*n* – SG *absperren* ‘to lock’; ǫsåmme^{l}*n* – SG *absammeln* ‘to collect’. Likewise, nasals and plosives that may or may not be pronounced are also set in superscript, thus representing all kinds of gradually applied processes of phonetic reduction.

Geminates: while Artmann uses single letters corresponding to fortis consonants <p, t, k>, Hornung always indicates gemination by reduplicating the relevant graphemes. Such that in intervocalic contexts or in coda position we may find <pp, tt, ck>, whereas fortis consonants after sonorants will still be represented by simplex graphemes. However, her strategy also targets the multi-character graphemes <ch> and <sch>. There are very rare cases of ambiguity, but by reduplication of these character sequences, one can distinguish between *zechn* – SG *Zehe* 'toe' and *zechchn* – SG *zechen* 'to boose', or the classical example for isochrony *fisch* – SG *Fisch* 'fish' (sg.) and *fischsch* (pl.).

Affricates: Hornung refrains from using the letters <x> and <z>, as well as <q> in order to subsume complex graphemic strings – hence these letters are not used.

Accents: special accents are marked in Hornung's lexicon, e.g., *dahínta* – SG *dahinter* 'behind'. This is a gratifying feature for a lexicon, but it would not be an ideal one for an orthography.

Front mid vowels: both unrounded /e/ and rounded /ö/ have a tense/lax (closed/open) variant. In SG, this distinction is clearly correlated to length, while in VD, but in Middle-Bavarian dialects in general, the tense/closed variant can be assumed to be basic. Nevertheless, there are two complicating factors: for /e/ preceding vocalising /r/ the lax/open variant will be found throughout, whereas /ö/ only arises with vocalising /l/, and one might want to pose the question how length is calculated there. Many examples are quite clear; others may be subject to free variation (e.g., [øtan] vs. [œtan] – SG *Eltern* 'parents'. And finally, the influence of SG may exact a confusing force upon this intrinsically unstable distinction. Hornung marks the lax/open variants with an ogonek diacritic througout, again, this is a trait more appropriate for a lexicon rather than for a writing system.

AN ORTHOGRAPHY FOR MT: 1 EXAMPLE

When Sylvia presented her proposal for an orthography of Viennese dialect, in her most unspectacular way almost a decade ago, she explicitly mentioned that she had studied both solutions presented above and had arrived at her own compromise, appropriate for the target application of machine translation. As it happened many times, I heard and remembered her words, but it took me years to understand the implications that came along. In fact, while knowing about every single detail of the phonology and phonetics of Viennese dialect, she had distilled a multi-dimensional matrix of possibilities for encoding into one coherent set of rules that would guide us through the whole project, generating a comprehensive output of the MT-system that would be readable, but also quite ready for speech-synthesis (as I found out some time after the project ended – it needed one line of code to replace one character and it worked). It was a success story, maybe of little impact, yet, but hopefully an instructive case-study for future enterprises. Let us dive into details once more:

Characters used: for reasons of readability, but also fostering consistency, the set of characters was reduced following Hornung and abandoning Artmann's strategy of employing characters that would represent multi-phone strings: <x> is replaced by <gs/ks>, <q> by <gv> and <z> by <ds/ts>; <v> and <y> are not used in any of the three transliteration systems.

'a' and 'o': the three-way distinction is resolved by introducing the character <å>, but not as Hornung does only for nasal /a/, but generally for all rounded occurrences of the sounds corresponding to SG /a/. This is the only additional character in the set of characters for this orthography; no diacritics are used.

Plosives: here, Artmann's strategy is followed more or less without modifications: geminate/fortis plosives are represented by the letters <p, t, k>, others are represented by <b, d, g>. This strategy makes much sense; however, it results in a situation where two identical phonological constellations are transliterated in two different ways. It is well known that in Bavarian dialects onset plosives are neutralised towards the lenis variant, except for the velar plosive, which resists neutralisation and rather forms a velar affricate: *goatn* [g̥ɔatn] – SG *Garten* 'garden' vs. *koatn* [g̥ʰɔatn̩] – SG *Karten* 'cards'. That it is indeed an affricate can be shown by the identity of the two occurrences of /g/ and /h/ in the following example, one corresponding to a fortis /k/ in SG, the other being a lexical co-occurrence of the two sounds: *den koidn de kånsd da ghåidn* [den ghɔɪdn̩ de: ghɔnsd da ghɔɪdn̩] – SG *den kalten Tee kannst du dir behalten* 'you can keep that cold tea for yourself'. An alternative would be to totally dispense with letters encoding fortis consonants, thus having <b, d, g> and <gh> in onsets, and simplex vs. geminate forms in other contexts. This would, however, carry over to fortis plosives after sonorants, whereupon it would be quite questionable to analyse them as geminates. A fortiori, it is one of the few commitments to standard orthography that all three approaches adopt. Nevertheless, this is the only inconsequence – morphologically conditioned geminates are well reflected in orthography, e.g., *i red* – SG *ich rede* 'I speak' vs. *ea ret* (=*redd*) – SG *er redet* 'he speaks'.

Geminates: vowel length seems to be subsumed under the phonological context of subsequent consonants. Phonetically, the distinction between simplex and geminate forms seems well-grounded, so what remains of vowel length should rather be encoded on the side of subsequent consonants. Plosive geminates are encoded by characters corresponding to fortis consonants in SG, others are marked by reduplication. I want to report here that we indeed had a hard time with sonorants (reflecting Artmann's ambivalent, but phonetically precise decisions to write one or two letters). Regarding fricatives, it was much more obvious when they would be geminates or not – still, we refrained from introducing duplication to the multi-character strings <ch> and <sch> – leaving those (very rare cases) in ambiguity.

Diphthongs: are encoded as suggested by Artmann (<au>, <ei>, <äu>); however, the secondary Umlaut diphthong resulting in /a/ is deliberately encoded by double <aa>, hence *baam* – SG *Bäume* 'trees'; *draam* – SG *Traum* 'dream', as opposed to *dram* – SG *Tram/Straßenbahn* 'tram'.

Nasals: in order to avoid a special diacritic (to encode it properly), nasal consonants are always retained, regardless of whether they are pronounced or not. Recall that Artmann's strategy was rather to assign <au> to both /ao/ as a diphthong and /an/ as a constellation where the vowel is clearly nasalized and also gets a diphthong-like interpretation with a rounded feature. Even when the nasal consonant is clearly facultative (where Hornung would use superscripts), the nasal is transcribed. This also facilitates morphological decoding: *schdaan* vs. *schdaana* – SG *Stein* vs. *Steine* 'stone / stones', the stem is identical, and the plural ending –a is easily identifiable as such.

Liquid-vocalisation: follows the outcome of a phonological process. /r/-vocalisation will be encoded by <a> where applicable, /l/-vocalisation comes in two variants: after non-front vowels, it changes into a front-glide, represented by <i> (e.g., *duipn* – SG *Tulpe* 'tulip'; note that place assimilations of nasals are deliberately not encoded). With front vowels, /l/-vocalisation results in secondary Umlaut, which will be represented with a single character, even in open syllables, e.g., *mö* – SG *Mehl* 'flour'. Epenthetic, or rather intrusive /r/s are not encoded in the text. Although intrusive /r/s may occur abundantly in original speech of VD, they are neither motivated lexically nor morphologically, but merely phonologically. For an MT-system this would only be confusing, for an appropriate output, one could easily think of a post-processing component that inserts the intrusive /r/s in the right place. This is a gross simplification – it is indeed not so easy to identify the correct places to insert an intrusive /r/ – so we just spared it out.

Weak pronoun forms: most personal pronouns have a full form that is used when stressed, and a reduced form that is used when the pronoun is prosodically weak. Interestingly, the Nom/Acc weak forms for feminine and neuter 3P.Sg become homophonous: *si* → *s* (3P.Sg.Fem) and *es* → *s* (3P.Sg.Neut). In order to dissolve this ambiguity we marked with an apostrophe where the vowel deletion has taken place: *s'* vs. *'s* – a practice often found in the transliteration of vernacular texts. In retrospect, I am not all too happy with this decision: first, it introduces a new character – the apostrophe – with a specific function, but only occurring with pronouns. And there is one phonological effect where using apostrophes generates an impression (of active vowel deletion) that runs counter to intuition. This effect arises in the context of multiple clitic weak pronouns where two adjacent ones would be represented as /s/: in such a case, the two would be contracted into one /s/, dropping the information that there exist two distinct pronouns. Parallel to the phonological strategy of inserting /r/ intrusively between two adjacent vowels, the vowel /a/ is inserted between the two sibilants. Consider the following example: *dån håd s a si s* åndas *ibalegd.* – SG *dann hat sie sich es anders* überlegt 'then she changed her mind'. Since the first pronoun '*s*' represents the feminine, stemming from *'si'* (Artmann would write *se*, instead), one could argue that the intrusive /a/ replaces the vowel that was lost due to reduction. This idea, however, is flawed. What we have in VD are two identical lexical entries, both of them consisting just of the sound /s/. Take an example where the order of pronouns is reversed: *dån håd s a s auf aamåi intressiad.* – SG *dann hat es sie auf einmal interessiert* 'all at once it started to interest her'. Using apostrophes here looks quite confusing: *s'a 's.* Intuitively, one interprets the apostrophes as marking a missing vowel, but both apostrophes point towards the inserted vowel /a/. Nevertheless, for machine translation the adopted strategy with apostrophes does not pose any problems; indeed it fosters precision due to the lack of ambiguity. That the result is not always correct will hardly be noticeable, since such combinations are rather rare. (In fact, our system outputs: *Dån håd 's s' auf aamåi intressiad.*) In order to correct this problem, one would have to introduce a post-processing rule that targets exactly these pronouns, but for such a rule-based transformation, the apostrophes may also be advantageous.

CONCLUSIONS

In this paper, I have tried to review the make-up of an orthography for Viennese dialect that was developed by Sylvia Moosmüller in the course of a project that targeted machine translation between Standard German and Viennese dialect. In order not to repeat information published elsewhere (Hildenbrandt et al. 2013), I decided to first give a more general outlook on the problems one faces with such an enterprise, and second, to base the discussion on two influential predecessors: H.C. Artmann and Maria Hornung. Each of them follows his/her own targets (literature, lexicography) which provides a fantastic opportunity to illustrate, how a specific goal determines most decisions that have to be made in order to create an orthography. These two works were also taken as two diverging schemata on the basis of which it became possible to set up an orthography optimised for language technology.

The attentive reader may have noticed my ironic remark in brackets about 'yet another' orthography. As a matter of fact, most 'yet another' enterprises follow a specific purpose. Ours was machine translation, or language technology in general, where an orthography for a specific dialect should not encode too much phonetic variation, as Artmann's orthography does (for very good reasons); ideally none. In addition, the complete phonological differentiation provided in Hornung's lexicon, which forces her to adopt a set of additional characters plus typographic means in order to again encode variation, was not apt for the purposes we followed. I hope I could stress this point enough, namely that it is essential to review one's own goals first. The solution presented here is optimised for machine translation (and also works for speech synthesis), but it might not be ideal at all for documentation. Working with dialects means starting over and over again; however, one also needs to bear in mind that there are predecessors that one not only can but definitely should draw insights from. I have also tried to report on the multiple phonological and phonetic considerations that guided the decisions in each of the orthographic systems. In the contemporary paradigm of language technology, such issues may appear peripheral, but I hope to have made clear that encoding issues such as defining an orthography are at the core of language technology.

It is like working on a tunnel: from the one side phonology has to be understood better – it is definitely not enough to find a set of phones or phonemes for a given language (variety). Meanwhile, a close eye has to be kept on the concrete phonetic realisation. On the other hand, we need to become able to deal with abundant variation in transliterations of particular language varieties. Social media provides ample sources for such variation, and variation is fun.

REFERENCES

Artmann, H.C. 1958. *med ana schwoazzn dintn. gedichta r aus bradnsee.* Salzburg: Otto Müller Verlag.

Haddow, Barry, Adolfo Hernández-Huerta, Friedrich Neubarth and Harald Trost. 2013. Corpus Development for Machine Translation between Standard and Dialectal Varieties. In: *Proceedings of the Workshop 'Adaptation of Language Resources and Tools for Closely Related Languages and Language Variants' of the 9th Int. Conf. on Recent Advances in Natural Language Processing* (RANLP 2013), Sept. 13th 2013, Hissar, Bulgaria, 7–14. [online: www.ofai.at/~friedrich.neubarth/papers/ranlp2013.pdf]

Hildenbrandt, Tina, Sylvia Moosmüller and Friedrich Neubarth. 2013. Orthographic encoding of the Viennese dialect for machine translation. In: Zygmunt Vetulani, Hans Uszkoreit (Hrsg.) *Human Language Technologies as a Challenge for Computer Science and Linguistics*, Proceedings of the 6th Language & Technology Conference (LTC'13), Dec. 7-9, 2013, Poznań, Poland, 399–403.
[online: www.ofai.at/~friedrich.neubarth/papers/ltc2013-hildenbrandt.pdf]

Hornung, Maria. 2002. *Wörterbuch der Wiener Mundart.* In collaboration with Leopold Swossil. Wien: ÖBV, Pädagogischer Verlag, 2nd edition, 1st edition: 1998.

Kühnhammer, Klaus. 2004. *Isochrony in Austrian German.* M.A. thesis, University of Vienna.

Neubarth, Friedrich, Barry Haddow, Adolfo Hernández-Huerta and Harald Trost. 2013. A hybrid approach to statistical machine translation between standard and dialectal varieties. In: Zygmunt Vetulani & Hans Uszkoreit (Hrsg.) *Human Language Technologies as a Challenge for Computer Science and Linguistics, Proc. of the 6th Language & Technology Conference* (LTC'13), Dec. 7-9, 2013, Poznan, Poland, 414–418. [online: www.ofai.at/~friedrich.neubarth/papers/ltc2013-neubarth.pdf]

Neubarth Friedrich and Harald Trost. 2017. Statistische Maschinelle Übersetzung vom Standarddeutschen in den Wiener Dialekt. In: Claudia Resch & Wolfgang U. Dressler (eds.) *Digitale Methoden der Korpusforschung in Österreich. Österr. Akademie der Wissenschaften*, 180–203.

Schuster, Mauriz. 1956. *Sprachlehre der Wiener Mundart.* Edited by Hans Schikola, Wien, Reprint: Wien 1984.

Schikola, Hans. 1954. *Schriftdeutsch und Wienerisch.* Wien.

INDEX

N

O

P

S

V

W